노스캐롤라이나 주립대 진봉일 교수의

Crazy Thinking

노스캐롤라이나 주립대 진봉일 교수의
Crazy Thinking

2013년 5월 1일 1판 1쇄 박음
2015년 5월 11일 2판 1쇄 펴냄

지은이 진봉일
펴낸이 김철종

내지디자인 이명옥
표지디자인 진봉일
마케팅 오영일

펴낸곳 (주)한언
주소 110-310 서울시 종로구 삼일대로 453(경운동) KAFFE빌딩 2층
전화번호 02)723-3114 **팩스번호** 02)701-4449
전자우편 haneon@haneon.com **홈페이지** www.haneon.com
출판등록 1983년 9월 30일 제1-128호
ISBN 978-89-5596-717-3 03040

이 책은 〈미친 생각에 미쳐라〉의 개정판입니다.

노스캐롤라이나 주립대 진봉일 교수의

Crazy Thinking

진봉일 지음

추천의 글

진봉일 교수는 열정적이며 헌신적인 디자인 교육자이다. 그는 개념적 접근 방식과 아이디어 발상 기법을 접목하여 자연의 형상을 제품 디자인에 적용한다. 제조 과정과 전문적 해결책을 실제 강의에 적용시키는 진 교수는, 뛰어난 디자이너이기도 하다. 그는 삶의 가치를 높일 수 있는 가능성과 세계적으로 통용되는 디자인 언어를 이해하는 사람이다. 이 책은 그런 진 교수의 디자인 철학이 담긴 책이다.

_마빈 말레카 (노스캐롤라이나 주립대 디자인 대학 학장)

이 책은 치열한 디자이너로서의 삶과 교육자로서의 경험을 담은 자전적 글이다. 아무것도 기대할 수 없었던 절박한 현실에서도 그는, 굴하지 않고 디자이너로서의 한 발 한 발을 내디뎠다. 그렇게 다양한 경험을 통해 디자인 교육자로서 우뚝 선 그의 삶이, 작금의 여러 어려움에 직면한 젊은이들과 디자이너들에게 '미친 열정'을 심어 주는 계기가 되었으면 한다.

_**오석근** (현대자동차 디자인센터 센터장, 부사장)

살아 있는 경험을 토대로 디자인 철학을 거침없이 쏟아내고 있는 진봉일 교수의 확고한 삶이 돋보인다. 춥고 어두웠던 어린 시절의 고단한 삶은, 오히려 그의 인생 목표를 더욱 선명하고 굳건하게 만들어 주는 계기가 되었다는 것을 느낄 수 있었다. 선배 디자이너가 들려주는 삶의 궤적이 디자인을 전공하고 있는 많은 학생들과 젊은 디자이너들에게 희망과 용기를 담은 메시지가 될 것이다.

_**한기웅** (한국산업디자이너협회 회장)

영화보다 더 영화 같은 삶을 살면서 인생의 매순간을 불꽃처럼 살아온 그의 삶에 숙연해진다. 책 전반에 흐르는 디자인에 대한 열정과 사랑은, 디자인에 문외한인 나도 일상 곳곳에 있는 사물을 다른 시각으로 보게 해 준다. 이 책은 미래를 정하지 못한 젊은이들이나 타의에 의해 퇴직하여 방황하는 장년들에게 도전의 에너지를 충전해 주는 에너자이저이다.

_**리처드 정** (시스코 시스템 USA)

진봉일 교수가 극복한 시련과 실패의 여정들은 창의라는 선물이 되어 그에게 돌아왔다. 우리는 그의 삶을 통해, 성공은 결과가 아니라 과정이라는 것을 확인할 수 있을 것이다. 이 글은 이런저런 이유로 아파하고 주저하는 이 시대의 젊은이들에게 자발적인 동기를 심어 준다. 그는 절망 속에서 꿈과 희망을 디자인한 진정한 디자이너이다.

_강병길 (숙명여대 미술대학 교수)

이 시대의 디자인사를 한눈에 볼 수 있는 사실적 스토리 구성! 디자이너로서 활약할 수 있는 모든 영역에서 성과를 창출한 진봉일 교수가 꿈을 향해 도전해 가는 과정을 담은 이 책은, 한 인간으로서 그리고 디자이너로서 어떻게 살아가야 하는지를 일깨워 주는 훌륭한 지침서이다.

_최진해 (LG전자 디자인경영센터 UX연구실장)

돌이켜 보면, 건국대학교 충주캠퍼스에서 있었던 그의 강의는 전쟁과도 같았다. 학생들에게 진 교수의 말은 진리요, 절대적인 믿음이었다. 안 되는 것이 없게 하고, 혹여 못할지도 모른다고 움츠러들던 우리를 압박해서라도 많은 결과를 함께 이루어 냈던 것을 기억한다. 진 교수의 그 열정과 카리스마는 마냥 놀라울 뿐이었으며, 또 고마웠다. 그런 진 교수가 그의 이야기를 엮어 출판하게 되어 매우 반갑고 거듭 축하한다. 책을 읽으며 진 교수가 쓴 옛글을 같이 뒤져 보면서 그의 재치를 다시 한 번 실감해 본다.

_박억철 (건국대학교 디자인 대학 산업디자인학과 교수)

98~99년, 진봉일 교수와 함께한 2년간의 만남을 15년이 지난 지금도 아름다운 추억으로 회상하는 이유는 디자인에 대한 그의 열정이 진심이었기 때문이다. 이 책 속에 녹아 있는 그의 삶에 대한 도전 정신과 디자인 교육에 대한 변함없는 열정이 힘들고 지친 삶을 살아가고 있는 젊은이들에게 전달되기를 바란다.

_박상일 (삼성전자 선행디자인팀 책임디자이너)

진봉일, 내가 알고 있는 그는 한마디로 에너지가 넘치는 사람이다. 입담이 세고 영어 잘하던 그가 홍익대 재학 시절에 보여준 톡톡 튀는 발상은 남달랐다. 디자이너이자 교수로서 한국과 미국을 넘나들며 좌충우돌 드라마틱한 삶을 살아온 그에게 경의를 표하며 큰 박수를 보낸다. 그의 성공기는 디자이너를 꿈꾸며 공부하는 많은 젊은이들에게 귀감이 될 것이다.

_양영완 (홍익대학교 조형대학 학장)

처음 책을 받았을 때는 그저 잘나가는 교수님의 흥미로운 자서전쯤으로 생각했다. 그러나 어느 순간, 10년을 훌쩍 넘은 직장 생활과 홍콩에서의 삶, 그리고 앞으로 10년 후를 고민하고 있는 나의 문제와 모습을 책 속에서 찾을 수 있었다. 시대를 초월하여 인간이 고민하는 것은 다 같지 않을까……. 이 책을 통해 내가 가고자 하는 길을 상상해 본다.

_박정은 (허쉬 베드너 어소시에이츠 F&B 선임 디자이너)

진봉일 교수는 예리한 발상과 독특한 디자인 감각이 생활에 배어 있는 정감 넘치는 가슴의 소유자이다. 그가 인생의 중간을 점검하는 이 책을 통해 내가 느낀 그의 성실함과 교수이자 디자이너로서의 철학과 능력, 풍부한 감성에 독자들이 공감할 수 있길 바란다.

_곽태영 (건국대학교 디자인 대학 교수, 전 청주국제공예비엔날레 운영위원장)

노스캐롤라이나 주립대에서 수학한 나는 저자의 제자이기 전에 디자이너로서 많은 깨달음을 얻었다. 또 그의 삶은 더 열정적으로 살아야겠다는 의지를 일깨워 주었다. 이 책을 읽고 C.C.I.C.를 실현할 수 있는 많은 후배들이 배출되기를 소망한다.

_최홍렬 (LG전자 디자인 연구소 선임연구원)

프롤로그

미친 생각을 현실로

세상을 바꾸는 디자인이란 무엇일까? 그것은 상상을 구체화시켜 새로운 문화를 제시하는 것이라고 말하고 싶다. 엉뚱한 상상, 논리와 상식을 뛰어넘는 미친 발상을 통해, 그것을 쓸 수 있는 창의적인 방식으로 발전시켜 생산 가능한 혁신적 제안으로 사회에 제시함으로써 새로운 문화를 창출하는 것이다. 즉, C.C.I.C. Crazy 〉 Creative 〉 Innovative 〉 Culture의 과정이다.

인생도 마찬가지이다. 자신을 위한 삶을 살기 위해서는 주변 사람들에게 '정상이 아니다'라는 말을 듣는 미친 결정을 내리고 그것을 과감하게 실행에 옮겨 자신을 바꿀 때 가능하다. 그러나 미친 결정만 계속되면 미친놈이 되고, 반대로 실행 없는 논리만 반복된다면 보통 사람의 삶이 되고 만다. 이 책을 통해 미침과 논리가 공존하는 삶의 방법을 이야기하고 싶다.

인생살이를 디자인 과정처럼, 디자인 과정을 인생살이처럼 적용하면서 살아왔던 나는 지금 미국에 있는 노스캐롤라이나 주립대에서 산업디자인을 가르치고 있다. 학생들을 가르친 내 노력은, 제자들 대부분이 취업에 성공하고 수많은 디자인 공모전에서 수상하는 등의 가시적인 결과로 나타났다. 덕분에 2006년도에는 '미국에서 가장 존경받는 산업디자인 교수 40인'에 선정되었고, 학교에서 동문이 선정한 '최우수교수상' 등 여러 상을 받을 수 있었다. 그 결과 학생들에게는 존경을, 학교에서는 인정을 받으며 행복한 삶을 살고 있다.

돌이켜 보면 나같이 부족하고 모자란 사람이 여기까지 오는 길이 그리 쉽고 순탄치만은 않았다. 지금의 행복은 정말 치열했던 삶과 그 속에서 나 자신과 투쟁하고 끊임없이 노력했기 때문에 이루어 낸 결과라고 말하고 싶다. 열악한 환경 속에서 말썽만 피우고 살아온 유년 시절과 공부를 할 수 없는 병과 싸우며 휴학과 재수를 합쳐 5년을 거쳐야 했던 중학교 시절은 정신적 고통으로 얼룩져 있었다. 고등학생이 돼서는 껄렁거리며 돌아다니다 턱뼈가 부서져 병원 신세까지 진 적도 있다. 그러나 먹지도 못하고 말도 할 수 없는 최악의 상태에서 읽은 책 한 권에서 얻은 깨달음이 나를 송두리째 바뀌 놓았다. "행복해지고 싶다면 자신이 정말 무엇을 하고 싶은지를 찾아내고, 그 일을 하라(《행복의 정복》중)." 이 문장 덕분에 '찌질'하고 암울했던 이전의 삶을 버리고 새로운 삶을 향해 미친 도전을 시작할 수 있었다.

당신의 삶에도 내가 지나온 수많은 난제들이 있을 것이다. 자신이 하고 싶은 것이 무엇인지 몰라 머리만 쥐어뜯고 있을 수도 있다. 하고 싶은 일은 있으나 부모님과 주변사람의 만류로 시도조차 하지 못한 채 발만 구르고 있을 수도 있다. 하지만 인생이란 것이 모두가 옳다고 하는 길이 당신에게는 옳은 길이 아닐 수도 있고, 남들이 다들 말리는 '미친 생각'이 당신이 가야 할 길일 수도 있고, 당신의 인생을 송두리째 바꿀 수도 있다.

나의 글이 인생을 몽땅 걸어 미쳐 보고 싶은 무언가를 찾는 독자들에게 힘이 될 것이라고 생각한다. 특히 디자인에 미치고 싶은 누군가에게 큰 힘이 될 수 있다면 좋겠다.

미국 노스캐롤라이나에서 진봉일

차례

CHAPTER

1

고등학교 2학년이 반 이상 지난 그때부터

'나는 누구인가? 내가 하고 싶은 것은 무엇일까?

내가 할 수 있는 것은 무엇일까?'라는 화두를 가지고

몇 달에 걸친 방황을 시작했다.

내 인생을 걸 단 하나의 꿈

나는 망나니였다

나는 이북에서 피난 온 사람들이 모여 사는 남산 밑 '해방촌'의 군용 텐트 안 가마니 바닥 위에서 7남매의 막내로 태어났다. 그 후에는 텐트에서 벗어나 아버지가 주워 온 나무와 나무상자로 지은 무허가 단칸방에서 살았는데, 그곳이 우리 식구에게 주어진 유일한 공간이었다.

당시 이북에서 아무것도 가지고 오지 못한 데다 농사밖에 지을 줄 몰랐던 부모님은 막막한 심정에 닥치는 대로 막노동을 하고 엿을 만들어 팔면서 가족의 생계를 이어갔다. 출가해서 따로 살고 있던 큰누님을 제외하고도 일곱 명이나 되는 대가족에 변변한 끼니조차 때우기 힘들던 피난 시절이었으니 나의 탄생이 달갑지만은 않았을 것이다. 오죽하면 나를 받은 산부인과 의사가 집안 꼴을 보고 돈을 받기는커녕 미역국 국거리와 먹을 것을 따로 챙겨 주기까지 했을까. 다행히도 그분이 미국의 구호품을 나눠 주던 '아동구호연맹'이란 곳에 추천을 해 준 덕분에 나는 태어나면서부터 구호품과 돈을 보조받을 수 있었다. 지금 차인표·신애라 부부가 아프리카에 있는 아이를 양자로 삼고 도와주는 것과 똑같은 도움을 미국인에게 받은 것이다.

'KC-3259'. 지금도 잊지 않고 있다. 이 번호 하나만 있으면 나는 먹는 걱정 없이 학교도 다닐 수 있었다. 하지만 그 번호 앞으로 미국에서 보내온 장난감과 옷 그리고 먹을 것들은 전부 우리 가족의 생계를 위해 팔려 갔다. 나는 그것들을 빼앗기지 않기 위해 울고불고 난리를 피웠다. 멋진 '쌍마' 청바지(지금의 '리바이스')와 번쩍이던 쌍권총, 벨트에 권총 지갑, 건전지를 넣으면 날개가 접혔다 펴졌다 하면서 불이 번쩍거리고 움직이는 비행기까지……. 부잣집 도련님들이 가지고 놀았던 그 최고급 장난감들은 내 손에 들어오기도 전에 남대문 '도깨비시장'으로 넘어갔다. 나는 너무나 분하고 억울해서 울다가 기절하기 일쑤였다.

부모님은 미군 부대에서 나오는 깡통을 깨끗하게 닦아서 팔기도 하셨다. 당시 미군 부대에서는 커피, 토마토 소스, 각종 잼 등 모든 음식 재료를 커다란 캔에 담아 공급했는데, 그 캔을 우리는 '깡통'이라 불렀다. 이 깡통은 용도가 무궁무진했다. 여러 개를 연결해서 굴뚝을 만들기도 하고 시장에서 돈통으로 사용하기도 하고 뻥튀기를 할 때 재료를 담는 통으로 재활용하는 등 일상생활에 없어서는 안 되는 물건 중 하나였다. 부모님은 매일 깡통을 줍거나 싼값에 사 가지고 오셔서 안에 있는 내용물을 닦아 내고 찌그러진 부분을 두드려 펴 시장에 납품했다. 이 깡통 소리는 징글징글하게 가난했던 어린 시절과 함께 나의 머릿속에 내내 붙어 다녔다.

이러한 열악한 환경들 속에서 나는 점점 동네 '망나니'가 되어 갔다. 악바리가 된 나는 나보다 덩치가 크거나 나이가 많은 동네 형들에게도 싸움을 걸었다. 한 번 싸움을 시작하면 아무리 얻어맞아도 상대방이 항복할 때까지 계속했고, 질려서 도망가면 집까지 쫓아가서 문을 두드리면서 나오라고 소리치기도 했다. 장사를 하는 집이면 안에까지 들어가 깨뜨릴 수 있는 것은 죄다 깨뜨렸다. 계란을 집어던지고 참외 같은 과일도 다 밟아 버렸다. 이러니 누가 나를 이기겠는가. 그리고 난 후의 모든 배상과 사과는 어머니 몫이었다.

어머니를 따라 시장에 가는 날이면 나는 원하는 것을 사 달라고 조르며 시장 바닥에 누워서 발로 밀고 다니기도 했다. 당시 시장 바닥은 흙바닥에 생선가게에서 흘러나오는 물과, 먹는 것을 파는 데서 나오는 설거지물로 엉망진창이었다. 동네에는 내 꼴이 보기 싫어 이사하는 집이 있을 정도였다. 이처럼 나의 유년 시절은 '무개념' 그 자체였다. 지금 와서 생각해 보면 내 것이 될 장난감을 다 뺏기는 불만을 그렇게 표출했던 게 아닐까 싶다. 이런 망나니 같은 성격은 나를 외롭게 만들었다. 아니, 어쩌면 반대로 외로웠던 어린 마음에 누군가의 관심을 끌어 보려고 했던 것일지도 모른다.

나를 키운 것은 팔 할이 외로움

아이러니하게도 나는 8명이 바글거리는 비좁은 단칸방에서 외로움에 치를 떨며 뼈저리게 고독을 느꼈다. 바쁘신 부모님과 나이 차이가 많이 나는 형제자매들. 그 속에서 자란 나에게는 이야기를 할 수 있는 공간도 그것을 들어 줄 사람도 없었다. 세월의 차이가 그렇게 컸던 것인지, 아니면 가족들 사이에서도 말로는 도저히 컨트롤이 안 되는 '인간말종' 취급을 당해서 그런 것인지는 모르겠다. 그 누구와도 의논이나 상담을 해 본 적이 없었고, 문제가 생겨도 나 혼자서 끙끙대며 그것을 해결해 나갔다. 대가족의 막내라기보다는 외동아들 같은 생활이었다. 그것은 진짜 형제자매가 없는 독자(獨子)의 삶보다도 훨씬 더 큰 외로움으로 다가왔다.

컴퓨터와 스마트폰은 고사하고 TV도 없었던 그 시절에, 나의 외로움을 달래 주는 것은 커다란 배터리를 고무줄로 감아 붙인 조그만 트랜지스터

라디오에서 나오는 라디오 드라마와 음악 방송이 전부였다. 그걸 듣는 것도 여의치 않을 때는, 무조건 집 밖으로 나갔다. 학교에 갔다 오기가 무섭게 달려 나가 해가 질 때까지 아이들과 놀다 들어오고, 밥을 먹기가 무섭게 다시 나가서 전신주 불빛 밑에서 놀다 들어와 쓰러져 자곤 했다. 이유는 단 하나, 혼자 있는 고독을 느끼고 싶지 않았기 때문이었다.

그렇게, 재미있어서가 아니라 아이들과 함께 있기 위해 놀이를 했다. 술래잡기, 망치기, 땅따먹기, 연날리기, 총싸움, 썰매타기, 자치기, 무궁화꽃이 피었습니다, 전쟁놀이, 팽이치기……. 그러나 친구들과 놀면서도 외로움을 떨칠 수 없었다. 다른 누구와 함께 있으면서도 혼자 있는 것 같은 생활 속에서 나는 침몰하고 있었다.

그런 와중에 나를 더욱 힘든 상황에 빠뜨린 것은 5학년 때부터 강제로 시작한 과외였다. 당시에는 중학교 입시가 정말 치열했는데, 나는 국민학교(초등학교) 내내 공부를 한 적이 없었다. 공부할 여건도 아니었고 하기도 싫었다. 5학년 말, 망나니 같은 동생이 중학교에도 못 들어갈 것 같았는지 둘째 형은 나를 교회로 끌고 가더니, 거기에 다니는 신도 중 과외를 하는 사람에게 강제로 떠맡겨 버렸다. 그때부터 나는 하루에 4시간도 자지 못하고 무궁화나무로 만든 몽둥이로 매찜질을 당하며 1년 동안 생전 해 본 적이 없던 공부에 매달렸다. 그 1년이라는 시간은 너무나 공포스러웠다. 나는 점점 더 외로움에 파묻혀 갔다. 아무 생각도 해선 안 되고 아무것도 할 수 없는 나 혼자만의 시간, 모든 것에서 격리되어 살아야 하는 시간이 나를 미칠 듯이 힘들게 했다. 나는 그때 무엇을 붙잡고 그 고통을 이겨냈던가.

지옥 같은 삶, 날개를 달다

그 지옥 같은 시간이 끝나고 나는 간신히 중학교에 들어갈 수 있었다. 하지만 시련은 거기서 끝나지 않았다. 그렇게 합격한 중학교는 집과 무척 멀리 떨어져 있었다. 매일같이 콩나물시루 같은 버스에서 시달린 다음에는 무거운 책가방을 들고 산 하나를 넘어야 했다.

중학교 입시에서 받은 스트레스와 해방촌에서 왕십리까지의 통학으로 체력은 급격하게 저하되었다. 체력이 한계에 다다르자 정신적으로도 버틸 수 없었던 것일까. 나는 결국 무너지고 말았다. 영양실조로 인한 신경과민 증에 걸린 것이다. 신경은 최고조로 날카로워져서 주변에서 일어나는 모든 일이 신경에 거슬렸다. 시시각각으로 찾아오는 발작의 공포 또한 어린 나이에 감당하기 힘든 큰 시련이었다.

그때의 나는 언제 터질지 모르는 시한폭탄처럼, 누군가 건드리면 그 순간에 터져 버릴 것 같은 불안함 속에서 살았다. 이런 불안정한 상태였던 나는 새로 부임한 공업 선생님이 내 머리를 건드리는 순간 폭발하고 말았다.

나는 그 자리에서 가방을 싸서 교실을 나왔다. 그 후 한 시간 주기로 오른손이 마비되고 발작이 일어나, 결국 신경안정제를 복용해야 했다. 의사는 앞으로 공부는 물론이고 책을 읽는 등 아무튼 신경을 쓰는 일을 하면 큰일 치를 테니, 잘 먹고 집에서 안정을 취하라고 했다. 결국 나는 휴학을 선택했다. 하기 싫은 공부를 죽도록 해서 간신히 중학교에 입학했더니 다음 해부터 추첨제로 바뀌었다. 운마저도 없었다.

약물치료를 받으며 음악을 듣고 놀기만 한 덕분에 증세는 호전되었다. 이듬해에 다시 1학년으로 들어갔지만 무엇에도 신경을 쓸 수 없으니 당연히 공부도 할 수 없었다. 그저 생각 없이 수업만 듣다 보니 고등학교 입학 시험에서도 떨어졌다. 그 바람에 재수를 해야 했으므로 결국 중학교를 5년 다닌 셈이다. 상상해 보라는 말로는 충분하지 않을 것 같다. 당시의 나는 참담한 지옥에 있는 것만 같았다. 한참 감수성이 예민할 때 남들보다 2년이 뒤처지는 그 심정은 말로 표현할 수 없었다. 나이 어린 아이들을 선배로 부르며 고등학교에 다니는 그 자괴감과 모멸감은 견디기 힘들었다. 무엇보다 외로움에 떨었다.

그런 감정들에서 벗어나기 위해 나는 성격을 바꾸기로 했다. 항상 뒷전에서 하고픈 말이 있어도 표현하지 못하던 나였다. 동네에서 놀 때는 대장이었지만, 여러 명이 모인 공식적인 자리에서는 좀처럼 나의 의견을 말하지 못했다. 이런 성격을 외향적으로 바꾸려고 엄청나게 노력했다. 일단은

뭐든지 용기를 내보자고 마음먹었다. 성대모사도 해 보고 TV에서 본 것을 그대로 따라 하기도 했다. 따라 하기에 익숙해지자 나의 의견을 제시하기 시작했다. 처음에는 어떤 말이든 하고 보는 바람에 이야기에 기승전결이 없이 횡설수설하기도 했다. 말을 잘못해서 창피를 당하기도 하고 뱉은 말을 돌이키지 못해 후회를 하기도 했다.

시행착오를 수없이 겪으면서도 나는 노력을 그만두지 않았다. 이러한 노력이 내 속에 잠들어 있던 '말 잘하는' 유전자를 자극했는지, 나는 곧 말 못하는 찌질이에서 화려한 언변을 구사하는 달변가로 거듭났다. 말하는 것이 신 났다. 그 바람에 남에게 말할 기회를 주지 않고 혼자 떠드는 일이 부쩍 많아졌다. 아이들 사이에서 상담과 중재는 도맡아서 하게 되었고 오락 시간에 사회자를 맡기도 했다. 나는 완전히 변했다. 자괴감과 모멸감, 외로움이라는 지옥에서 벗어날 발판을 만들어 가면서 차츰차츰 고등학교 생활에 적응하기 시작했다.

내 인생을 바꾼 한 문장

외로움을 극복하기 위해 노력하는 동안 신경과민증도 호전되었다. 그러면서 어렸을 적의 끼가 다시 발동하기 시작한 걸까. 학교에서 거들먹거리고 돌아다니다가 얻어맞아 아래턱이 여러 조각으로 부서지는 바람에 치아 사이로 철사를 넣어서 위아래와 좌우를 고정하여 턱뼈와 치아를 맞추어야 했다. 덕분에 말을 못 하는 것은 물론이고 입을 벌릴 수조차 없었다. 당연히 밥도 먹지 못하고 빨대로 우유나 죽을 빨아 먹는 신세가 되었다. 인생에서 가장 힘들고 답답했던 순간이 언제냐고 한다면, 주저하지 않고 이때였다고 말할 수 있을 정도로 나는 지루함에 몸부림치고 있었다.

무료함을 달래기 위해 평소에는 쳐다보지도 않았던 책을 집어 들었다. 영어에 유독 관심이 많았던 나는 영어 공부도 할 겸 버트런드 러셀이 쓴 《행복의 정복*The Conquest of Happiness*》 원서를 첫 책으로 골랐다. 그리고 거기서 내 인생을 송두리째 바꾼 한 문장과 만났다.

"행복해지고 싶다면 자신이 정말 무엇을 하고 싶은지를 찾아내고, 그 일을 하라(If you want to be happy, find out what are the things that you really want to do and do it)."

그 문장을 읽는 순간, 지금까지 살면서 내가 '정말' 무엇을 하고 싶어 하는지, 무엇을 위해 살아왔는지를 생각해 본 적이 없다는 사실을 깨달았다. 돌이켜 보니 나의 삶은 커다랗게 공회전하고 있었다는 생각이 들었다. 열심히 돌아가고는 있었지만 결국 헛돌고 있었던 셈이다. 엔진은 돌아가지만 정작 자동차는 한 치도 앞으로 나아가지 않은 그런 상태. 내가 스스로 살아온 것이 아니라 그저 떠밀려 온 것이다.

그 전의 나는 미래에 대해 진지하게 생각해 본 적도 없었다. 지금을 닥치는 대로 살다 보면 미래는 저절로 흘러온다고, 그게 바로 인생이라고 고집 피우는 그런 넋 빠진 삶을 살고 있었던 것이다.

책을 덮고 앞으로 다가올 '나의 인생'에 대해서 생각해 보았다. 나는 내 미래에 대해 어떤 결정을 내릴 것인가? 삶의 목표는 무엇인가? 영어를 좋아하니 영문과를 가는 것? 혹은 정치외교학과를 가서 외교관이 되는 것? 상업시험 중간고사 문제의 정답이 두 개라는 것을 증명하기 위해 선생님과 옥신각신하는 걸 보고 주변에서 상경대에 가면 적성에 맞을 것 같다고들 했는데, 그런 막연한 추측에 내 미래를 걸 수 있을까?

19년을 살아오는 동안 미래에 대한 꿈과 목표가 전혀 없었다니. 몰려오는 창피함으로 밤을 지샜다. 고등학교 2학년이 반 이상 지난 그때부터 '나는 누구인가? 내가 하고 싶은 것은 무엇일까? 내가 할 수 있는 것은 무엇일까?'라는 화두를 가지고 몇 달에 걸친 방황을 시작했다.

먼저 내가 무엇을 잘하는지, 좋아하는지를 곰곰이 생각해 보았다. 어렸을 때는 나무총이나 썰매 같은 장난감을 꽤 잘 만들 만큼 손재주도 있었고, 가전제품이나 시계를 고치는 데도 자신이 있었다. 중학교 초, 형의 손목시계를 보며 '저 안이 어떻게 생겼을까?' 하는 호기심을 이기지 못하고 결국 뒷면을 열었던 적이 있다. 톱니바퀴를 하나씩 분해할 때마다 그림을 그려가며 완전히 해체하고, 다시 역순으로 조립했을 때 시계가 살아 움직이는 것을 보면서 느꼈던 그 희열은 말로 표현할 수가 없었다. 그 맛에 나는 산만하고 집중하지 못하는 성격임에도 불구하고 밤이 새는 줄 모르고 무언가를 뜯었다 맞췄다 하는 일에 몰입했다. 관찰력과 이해력 그리고 추리력이 그런 작업을 통해 생긴 것이 아닐까.

그림을 그리는 데에도 흥미가 있었다. 언젠가 방에 걸려 있던 제약 회사 달력의 아이들 사진을 보면서 연필로 따라 그린 적이 있는데, 그게 꽤나 마음에 들어서 이젤에 붙여 놓고 시간이 날 때마다 고치곤 했다. 고등학교 미술 선생님도 남다른 관심을 보이면서 내가 미술에 재능과 흥미가 있다는 것을 알게 해주었다. 선생님은 내게 미술부에 들라고 2년 동안 끈질기게 회유했다. 첫 학기에는 미술 점수를 100점 주시더니, 그 후 매 학기마다 99점, 98점…… 이렇게 1점씩 낮춰서 주실 정도였다. 하지만 당시 나는 공기총 사격부의 부장에 규율부 차장을 하는 등 다른 것에 빠져 있었기 때문에 결국 미술부에 들지는 않았다.

내가 몰입하고 흥미로워하면서 잘하는 것이 무엇인지 구체적으로 확인한 다음에는, 그 두 요소를 섞어서 내가 앞으로 하고 싶은 것은 '무엇을 멋있게 만드는 분야'라고 대략적으로 방향을 잡을 수 있었다. 구조나 원리를 이해하고 그것을 멋있게 제작할 수 있는 일이 무엇일까? 나는 그것을 찾아 도서관을 헤매고, 주변에 수소문을 해 보았다. 그리고 드디어 '공업도안(당시 Industrial Design의 일본식 번역, 현재 산업디자인)'이라는 것을 찾아냈다.

그리고 서울대 미대의 응용미술학과나 홍익대 미대의 공업도안과에 들어가야겠다고 다짐했다. 고등학교 2학년 말, 디자인에 '미친' 나의 인생은 그렇게 시작되었다.

절박하게 원하되, 조급해하지 마라

정말 극소수의 사람들만이 알고 있던 산업디자인이라는 분야를 찾아낸 것은 행운이었다. 하지만 그 행운 뒤에는 커다란 문제가 기다리고 있었다. 서울대와 홍대에서만 그 분야를 전공할 수 있는데, 이 두 대학은 미대 중에서도 가장 들어가기 힘든 최고의 대학이었기 때문이다. 어릴 때부터 미술을 공부하면서 그쪽으로 가히 타고났다는 소리를 들으며 온갖 미술대회의 상을 휩쓸어도 들어가기 힘든 학교였다. 미술부에 든 적도 없는 데다가, 뒤늦게 시작하는 나에게는 엄청난 난관이었던 셈이다. 그러나 이 문제가 내 인생 처음으로 찾은 꿈을 막지는 못했다. 한 권의 책에서 얻은 깨달음은 이렇듯 나의 결심을 단단하게 만들었다.

'무슨 수를 써서라도 이 두 학교 중 한 곳에 가고 말리라!'

내가 하고 싶고 할 수 있는 전공이 우리나라에 존재한다는 사실과 두 학교 모두 내 꿈을 이룰 수 있는 학과가 생긴 지 얼마 되지 않아 전망이 좋다는 사실은 나를 더욱 흥분시켰다.

먼저, 그렇게 나를 미술부로 회유했던 선생님을 찾아갔다.

"미대에 가려면 어떻게 하면 됩니까?"

순간 눈에 불이 번쩍했다. 선생님은 항상 들고 다니는 조그마한 몽둥이로 내 머리를 사정없이 내려쳤다.

"그렇게 미술부에 들라고 할 때는 안 오더니 이제 얼마나 남았다고 미대를 간다는 거냐?!"

그래도 안돼 보였는지, 선생님은 다닐 만한 미술학원을 추천해 주었다.

산업디자인을 '미래의 삶'으로 선택한 이후 나를 힘들게 한 것은 바로 부모님과 가족을 설득하는 일이었다. 학원에 다니는 건 우리 집 사정으로는 꿈도 꿀 수 없는 일이었지만 다른 방법이 없었다. 부모님께 허락을 받는 수밖에. 부모님의 허락을 받는 것도 쉽지 않았지만 형들도 설득해야 했다. 연로하신 부모님은 경제활동을 하지 않았기 때문에 형들의 도움이 절실했던 것이다. 그러나 부모님이 처음부터 극구 반대하셨으므로 ㅜ 안선으토 가족회의를 하는 것 자체가 불가능했다. 당시만 해도 디자이너는 그저 '그림 그리는 화가'라는 인식이 강했다. 심지어 부모님은 화가를 '환쟁이'라 부르며 마뜩잖게 여기셨다. "배워 봐야 밥 굶기 딱 맞는 직업인데, 왜 돈 들여 대학에서 배우려는 것이냐? 잘돼야 극장 간판이나 초상화나 그리면서 먹고살 것 아니냐."라고 하시며 완강하게 반대하셨다.

결국 아무 진전 없이 고3이 되었다. 엎친 데 덮친 격으로 나와 상업시간에 시험문제의 답이 두 개냐 아니냐를 놓고 일전(?)을 벌였던 그분이 고3 담임선생님이 되었다. 진학 상담을 하면서, 나는 미술대 응용미술학과를 가겠다는 내 뜻을 밝혔다. 그 말을 들은 선생님은 곧장 나를 택시에 태워 집으로 데려가 부모님에게 '절대 미대에 보내지 말고, 꼭 상과대학을 보내라.'라고 말했다. 불난 집에 기름을 붓는 격이었다. 하지만 나는 내 뜻을 꺾을 수 없었다.

"만약 대학에 떨어지면 군대에 가겠습니다. 그리고 그 이후의 인생은 제가 스스로 책임지겠습니다."

가족회의에서 이것이 나의 마지막 소원이라고 대여섯 차례 끈덕지게 설득한 끝에 극적으로 허락을 받아 낼 수 있었다. 힘들게 가족들과 주변 사람들을 설득한 만큼, 나에게는 이번이 마지막이라는 절박함이 있었다. 그리고 그 절박함은 힘든 난관 속에서도 앞으로 나아가게 하는 동력이 되었다.

뒤늦게 시작했기 때문에, 영어 외에는 특별히 해 본 적도 없는 다른 과목 공부와 미대 입시 준비를 동시에 해야 했다. 그 힘든 시간 속에서 나는 지칠 겨를도 없었다. 학교 수업이 끝나자마자 미술학원에 가서 그림을 그렸다. 집에 들어오면 거의 11시. 하지만 그동안 하지 않은 공부를 따라잡으려면 그냥 잘 수 없었다. 책을 펴고 공부를 시작하면 조금만 해도 금방 새벽 3, 4시가 된다. 경험한 사람은 알겠지만 데생은 3, 4시간 하고 나면 체력이 바닥날 정도로 힘든 작업이다. 거기에 밀려오는 잠과 싸우며 공부하는 것은 군대에서 하는 유격 훈련보다 훨씬 힘들었다. 그렇게 하루에 2~3시간 자면서 8개월간의 사투를 벌인 끝에 나는 기적처럼 홍대의 공업도안과에 합격했다.

원하는 것을 이루기 위한 길에는 이처럼 자신의 습관을 바꾸거나 하기 싫은 것을 해나가야 하는 일이 비일비재하다. '이거 하다 안 되면 다른 걸 하면 되지.'라는 생각은 자신을 훈련시키는 데 큰 장애물이 된다.

또 절박하게 원하면서도 조급해하지 않고 여유를 가지는 이중의 어려움을 잘 극복해야 한다. 절박함이 전면에 드러나면 생각의 자유와 창의성을 확보할 수 없기 때문이다.

지금도 그때를 생각하면 소름이 돋는다. 만일 내가 주변의 강한 만류에 굴복했다면, 지금 무엇을 하며 살고 있을까? 내가 살아갈 인생을 스스로 선택하고 불확실한 미래를 준비하기 위해 가족들과 담임선생님을 설득한 것 그리고 내가 세운 첫 목표를 1년도 채 되지 않는 기간 안에 당당히 이루어냈다는 것은 지금 돌아보아도 내 인생에서 가장 잘한 일이라고 생각한다.

미래의 가능성을 보고 길을 택하다

그렇게 힘들게 들어간 미대였건만, 나는 학과 수업보다는 다른 쪽에 더 관심이 많았다. 영어회화에 몰두하고 도서관에 가도 영어 원서만 읽으며 머리를 키웠다. 학교에 행사가 있거나 친구들이 놀자고 부르면 마다하지 않았다. 미대 응원단장도 했고, 축제 때는 손금과 관상을 봐주기도 했다. 그게 용하다고 소문이 나자, 다른 대학의 학생들도 나를 찾아오는 바람에 수업도 빼먹고 휴게소 옆에 돗자리를 깔고 앉아, 한동안 돈 좀 벌었던 기억이 있다.

이런 기행을 일삼다간 졸업 후에 학교에서 추천을 받지 못하고 공채를 통해 치열한 입사 시험을 치러야 했지만 나는 걱정하지 않았다. 미국에 가서 공부를 하겠다는 생각이 있었고, 그럴 가능성도 높았다. 미국에 있는 작은누나가 부모님을 미국에서 모시고 싶어 했기 때문이다. 부모님의 이민을 염두에 두고 있었던 나는 자연스럽게 미국 유학을 꿈꾸었고, 당연히 국내 취업에는 별 관심이 없었다. 그러나 부모님은 내가 군복무를 하던 중에 한국 생활을 정리하시고 미국으로 가셨다가 3개월 만에 다시 한국에 들어오시고 말았다. 언어가 통하지 않아 의사소통에도 문제가 있었지만, 대중교통 수단이 전무하여 아무것도 할 수 없게 되면서 그 외로움을 견디지 못하신 것이다. 졸업 후 희망진로로 회사 취직은 쳐다보지도 않고 유학을 준비했던 나의 계획도 그것으로 끝이었다. 나는 갑작스럽게 취업이라는 현실 앞에 서야만 했다.

사실, 구호연맹에서의 인연으로 쉽게 취직을 할 수 있는 기회가 있었다. 나는 늦게까지 구호연맹의 도움을 받았다. 감수성도 예민하고 남에게 지기 싫어하는 시기였기에 남의 도움을 받고 있다는 것이 창피했기 때문에 아버지께 그만두자고 여러 번 말씀드렸지만, 아버지는 도움의 끈을 놓으려 하지 않으셨다. 지금 생각해 보면 경제적 능력이 없는 부모가 어린 자식을 위해 할 수 있는 것이 얼마 없었기 때문에 그런 것이었으리라. 하지만 당시에 나는 그런 아버지를 이해할 수 없었다. 큰형이 자수성가해서 집안을 돕기 전까지 나는 구호연맹의 도움을 계속 받아야만 했다.

그 구호연맹에서 두 번째로 연결해 준 사람이 공교롭게도 포드자동차의 부사장이었다. 대학교 3학년 때, 그분이 도쿄 모터쇼에 참석차 일본을 방문했다가 나를 만나러 한국에 들렀다. 그 과정에서 그분은 현대자동차에 있는 당신의 지인에게 호텔 예약을 부탁했는데, 그 일로 당시 포드자동차와 연결을 원하고 있던 현대자동차가 발칵 뒤집어졌다. 그리고 현대자동차 측에서 하루저녁만 나라를 위해서 양보해 줄 수 없겠냐고 내게 부탁했다. 이 사실을 이야기하자, 그분은 불같이 화를 냈다. 개인적인 방문에 비즈니스를 위한 만남을 요청하다니, 몰지각한 행동이라는 것이었다. 하지만 나는 다시 정중하게 부탁했고, 결국 그분은 마지못해 현대자동차 측 사람들을 만났다.

하룻밤 성대하게 접대를 받고 11시가 넘어서 호텔로 돌아왔을 때, 그분은 나갈 때와는 달리 기분이 정말 좋아 보였다. 그리고 이튿날 그분과 함께 현대자동차 본사를 방문하여 당시 현대자동차 사장이었던 정세영 씨를 만났다. 그는 나보고 뭘 전공하느냐고 물었다. 산업디자인을 전공한다는 대답에 그는 졸업하면 현대자동차로 오라고 권했다. 하지만 나는 속으로 죽어도 현대자동차는 들어가지 않겠다고 결심했다. 가난 때문에 미국인의 도움을 받고 있다는 사실을 인정하고 싶지 않았기 때문이다. 어려운 시절에 받은 도움이 고맙기도 했지만, 그래서 오히려 정말 감추고 싶은 '비밀 1호'였다. 나는 어쩌면 인생을 쉽게 풀어 갈 수 있었던 기회를 내 발로 차버린 셈이었다.

살아가다 보면 이렇게 어려운 때임에도 눈앞에 보이는 달콤한 유혹을 뿌리쳐야 하는 힘든 선택의 순간과 마주한다. 주변의 우려와 만류에도 불구하고 자신이 가고자 하는 길을 선택해야 하는 경우도 있다. 많은 사람들이 이러한 결정에 얼마나 큰 고통이 뒤따르는지 적어도 한 번 이상은 경험했을 것이다. 바닥을 치는 절망적인 상태에서 우리의 귀는 얼마만큼 얇아지고 우리의 양심은 또 얼마나 간사해지는가. 하지만 삶은 순간적 유혹을 이겨 내야 하는 힘든 선택의 연속이며, 이러한 선택 하나가 인생을 통째로 바꾸거나 흔들기도 한다. 내게는 모두가 반대한 디자인학과를 선택한 것도 그렇지만, 손쉬운 취업의 기회를 뿌리친 것도 내 인생을 바꾼 선택이었다.

좋은 기회는 버렸지만, 도전을 포기한 것은 아니었다. 대학 때 열심히 했던 독서와 영어 공부 덕택에 치열한 경쟁 속에서도 몇 군데 회사에 동시 합격을 한 나는, 롯데그룹에서 신입사원 연수를 받기 위해 12월 중순, 안양에 있는 연수원으로 향했다. 내가 롯데를 선택한 이유는 당시 가장 잘나가는 회사 중 하나이고, 계열사에 디스플레이 디자인을 할 수 있는 롯데백화점과 제품 디자인을 할 수 있는 롯데파이어니어 전자가 있었기 때문이었다. 사장님의 당부가 있기도 했다. 최종 면접 당시 영어로 자기소개를 할 기회가 있었다. 대학 4년 동안 영어회화 클럽을 통해 수없이 해 본 것이라 몇 분 동안 거침없이 유창한 영어로 나를 소개했다. 놀란 사장님은 원하는 조건은 다 들어줄 테니 롯데에 꼭 들어오라고 신신당부했다. 30년 전에는, 디자인 부서뿐 아니라 일반 부서에도 영어회화를 잘하는 사람이 매우 드물었으므로 나는 더욱 큰 관심을 받았다. 특히 롯데는 일본과 가까운 회사여서 영어를 할 줄 아는 사람에 대한 희소성은 더 컸다.

어쨌든 연수는 재미있었고 만족스러웠다. 나는 어느새 연수생 대표가되어 있었고, 나에 대한 연수원 직원들의 관심과 배려도 남달랐다.

하지만 나의 운명은 계열사 소개를 듣고 난 후에 바로 결정되었다. 신입사원을 유치하기 위해 크리스마스이브에 각 계열사 대표들이 연수원을 방문하여 회사의 현황과 비전에 대해 차례로 설명하였다. 내가 가고 싶었던 롯데전자는 일본 회사인 파이어니어의 제품을 그대로 가져다 쓰는 단계라고 했다. 한참 동안은 새로운 디자인을 할 기회도 없을 뿐더러, 디자이너로서 미래에 대한 비전도 없어 보였다. 밤새 고민한 끝에 연수 과장에게 면담 신청을 하고 떠날 것을 알렸다. 27일에 시작되는 기아자동차 연수에 참석하고 싶다고 솔직하게 말했다. 하지만 연수 과장은 사장에게 특별 지시를 받았다며, 롯데전자 관계자를 다시 부를 테니 그때 결정하라고 설득했다. 하지만 운명이었을까? 그날부터 내린 눈으로 결국 교통이 마비되어 롯데전자 관계자는 오지 못했다. 사장님의 특별한 관심과 롯데라는 회사의 유혹, 그리고 벌써 정들고 익숙해진 연수원 직원들, 연수생들과의 헤어짐……. 그렇게 쉽게 결정할 수 있는 상황은 아니었다. 또한 혹한의 날씨도 나를 망설이게 했다. 고민은 많았지만 결국 기아자동차로 향했다.

앞날의 비전을 위해 현재의 유혹을 뿌리친 나는, 마음이 바뀌면 언제든 돌아오라며 수심에 찬 얼굴로 배웅하는 연수 과장과 정든 연수생들을 뒤로한 채 안양에서 여의도로 향하는 버스에 올랐다. 마치 드라마의 한 장면처럼, 막 떠나가는 기아 연수원 버스를 세워 맨 뒷좌석에 앉으면서 기아자동차와의 인연은 시작되었다.

그때 만일, '롯데전자에 남는다면 승승장구할 수 있을지도 모른다'는 순간의 달콤함에 빠져 더 큰 틀에서 미래를 보지 못했다면 어땠을까. 나의 인

생은 또 한 편의 새로운 이야기로 가득 채워졌겠지만 결코 지금의 내 모습
은 아닐 것이다.

고독의 정점에서 조금씩 쌓은 내공

누구 못지않게 가난하고 '찌질'했던 어린 시절을 겪으면서 기아자동차
에 들어가기까지의 삶이 쉬웠던 적은 단 한 번도 없었다. 외로움은 늘 내
뒤를 따라다녔고, 어린 나이에 감당하기 힘겨웠던 병도 얻었다. 하지만 그
고난의 시간들 또한 지금의 나를 만든 원동력이었다.

특히 외로움에서 벗어나기 위해 어린 시절에 발버둥 치며 뛰어놀았던
경험들은 내가 디자이너로 살아가는 동안에 커다란 영향을 미쳤다. 놀이
에는 승패가 존재하고, 이기려면 항상 창의적인 생각을 하면서 순간적인
결정을 내려야 한다. 이기기 위한 전략과 전술이 있어야 하고, 일등을 하려
면 무한한 연습과 숙달이 필요하다. 편을 갈라서 하는 놀이에는 특히 역할
분담과 협동 그리고 다양한 전략이 필수였다.

팽이치기를 예로 들어보자. 룰은 간단하다. 가장 오래 살아남으면 된다.
그러려면 우선 어떤 팽이를 선택하는지가 가장 중요하다. 대칭이 정확해
야 하고, 철심이 박힌 위치가 정중앙이고 무거워야 한다. 철심이 위에도 있

고 아래도 있는데 조금이라도 위치가 다르면 중심을 잃어 회전 속도가 줄어들고 몸체가 흔들려서 금세 넘어지고 만다. 다음으로 상대방의 팽이를 공격하기 위해 '찍기'와 '박치기'라는 기술을 구사해야 한다. 찍기를 잘하기 위해서는 아래 철심이 날카롭고 강한 것이 좋다. 찍혀도 충격을 덜 받으려면 윗면이 미끄러워야 했다. 이러한 기능을 최대한 발휘하는 좋은 팽이를 고르기 위해 나는 다른 동네까지 원정을 다녔다. 특수 팽이 제작에 쏟은 정성과 아이디어는 정말 다양하고도 혁신적이었다. 몸체는 박달나무를 사용하고, 아래쪽 철심은 날카롭고 강한 M1총알을 구해 박아 넣었다(당시에는 총알이 지천에 널려 있었으며 심지어 문방구에서도 팔았다). 중심이 흔들리지 않게 하기 위해 철심 주변에 작은 못을 돌려 박았다. 윗면에는 은박지를 붙이고 촛농을 떨어뜨려 광을 내서 미끄럽게 만들었고, 측면에는 못을 박아서 박치기에 유리하게 제작했다. 이처럼 팽이 제작에만 해도 어마어마한 노하우가 필요했다. 팽이에 감는 줄의 길이와 감는 방법 그리고 던지는 동작에 따라 정확도와 회전력이 달라진다. 이런 것들이 승패에 커다란 영향을 주기 때문에 나는 밤낮으로 연습했다. 동네 챔피언이 되기 위해…….

이런 놀이의 과정에도 디자인의 행위가 녹아 있다. 문제점 인식, 문제점 분석, 해결 방법 모색, 가능성 확인을 위한 적용 및 실전 테스트, 문제점 보완 등. 지금 디자이너들이 하고 있는 디자인 프로세스와 다른 점을 찾기 힘들 정도로 유사하다.

외로움을 이겨내기 위해 스스로 성격을 바꾸었다는 이야기는 앞서 했다. 사실 그때 나는 외로움에서 완전히 벗어나지는 못했다. 행사 진행과 상담 같은 경험이 쌓이다 보니, 점점 조리 있고 유머러스한 말솜씨와 순발력이 늘어갔다. 대학 때는 모든 오락과 행사의 진행을 도맡아 했다. 미국에 오기 전까지도 대학 동문회 사회는 내 몫이었다.

그러나 이런 행사가 다 끝나고 밀려오는 허탈함과 외로움의 크기는 오히려 상대적으로 더 크게 나를 괴롭혔다. 메워지지 않는 외로움을 극복하기에 가장 좋은 방법은 다른 사람과 같이 있는 것이었기 때문에 나는 밤새도록 술 마시고 춤추며 지치지도 않고 떠들어 댔다. 덕분에 사람들은 나를 끊임없이 웃음을 만들어 내는 유쾌한 사나이라고 치켜세웠지만, 정작 나 자신은 에너지가 소진되고 탈진한 상태였다. 내면의 허탈감은 커져만 갔고 고독의 깊은 수렁에서 빠져나올 수 없었다.

그러나 이런 상황에서 벗어나기 위해 끊임없이 자신과 싸우는 과정에서 인생에는 깊이가 생기고 성장이 이루어진다. 나도 마찬가지였다. 남과 대화하고 어울리고 웃기려 노력하는 그 과정에서 자신도 모르게 디자이너와 교수에게 꼭 필요한 다양한 재능들이 계발되었다.

이야기를 재미있게 하려면 신선한 에피소드와 기승전결, 클라이맥스 그리고 적절한 타이밍이 필요하다. 또 그 모든 것을 적절하게 표현할 수 있는 언어 구사력도 필수다. 사회를 볼 때는 순서 전체를 아우르며 순발력 있게 대중을 이끌어 나가는 위기 대처 능력이 뛰어나야 한다. 준비한 순서를 생각하면서도 청중이 교감할 수 있도록 완급을 조절할 수 있는 능력도 필요하다. 디자이너가 자신의 디자인을 설명하고 상대방에게 전달할 때에도 동일한 것이 요구된다.

외로움을 이기기 위해 노력하고 자신과 싸우는 과정에서 쌓은 내공이 인생을 살아가는 데 커다란 도움이 되었다는 사실을 나중에야 알게 되었다. 그것을 깨닫고 나자 어렸을 때부터 나를 괴롭혔던 절대 고독은 점차 줄어들기 시작했다. 특히 결혼한 후에 크게 줄었다.

누구에게나 혼자만으론 버틸 수 없는 순간이 엄습한다. '절대 고독'의 상황. 친구들과 술 마시고 노래하고 춤을 추며 즐겁게 놀다 집에 돌아와 문을 열고 불을 켜는 순간, 덮쳐 오는 공허와 외로움에 잠을 이루지 못하는 때가 있을 것이다. 갑자기 우주 한가운데로 내팽개쳐진 듯한 막막함에 눈을 감고 잠을 청하지만, 결국 몸서리치며 일어나 형광등과 TV를 켜는 때도 있다. 주체할 수 없는 피곤에 의지해야 잠들 수 있는 그 고통에서 우리는 처절하게 무너진다. '사랑과 관심이 단절'되는 순간, 고독의 정점에 우뚝 서게 되는 것이다.

하지만 그 외로움에 파묻혀 자신을 버려서는 안 된다. 그것을 극복하는 과정에서 디자인에 대해 배우기도 하고 훗날 도움이 되는 재능을 체득할 수도 있다. 외로움과 처절하게 투쟁한 그 시간은 사람의 삶 속에 없어서는 안 될 부분이다. 그 속에서 노래가 나오고, 소설이 나오고, 예술 작품이 나오며, 인생의 묘미가 생긴다. 다만, 외로움에 져서는 안 된다. 빠져나오려고 발버둥치고 즐기기도 하고 너무 힘들면 주저앉을 때도 있을지 모르지만, 결코 그 순간이 계속되는 것은 아니다. 암울했던 시간을 보내고 난 지금에 와서 생각하면, 그 기나긴 방황과 갈등의 시기는 한순간에 지나지 않는다. 아무리 어렵고 힘들었던 시간도 지나고 나면 마치 압축된 파일처럼 작아져서 기억조차 희미해지는 것이 인생이다.

내 인생의 결정적 10년

디자이너가 되겠다는 꿈을 정하고 그 길을 걸어가면서 나는 '디자이너로서 어떻게 살아갈 것인가.'에 대해 생각했다. 그것은 어떤 디자이너가 될 것인가에서 더 나아가 미래를 어떻게 만들어 갈 것인가에 대한 고민이었다.

나는 디자이너로서 인정받는 것은 물론이고 디자인을 대중에게 알리고 싶었다. 내가 디자인을 하겠노라 결정하고 다른 사람들을 설득하는 과정에서 우리나라에는 디자인에 대한 인식이 없다는 것을 뼈저리게 느꼈기 때문이다. 내가 무엇을 배우는지, 무슨 일을 하는지 주위 사람들에게 설명하는 것도 어렵고 피곤한 일이었으며 설명을 하더라도 이해하는 사람이 많지 않았다.

나는 장래 나의 인생을 회사 생활 10년, 교수 생활 10년, 디자인 관련 방송 생활 10년으로 나누었다. 대중적이지 않은 디자인이라는 세계를 널리 알리려면 대중매체를 이용해야 한다고 판단했고, 대중매체에서 디자인을 주제로 사람들과 소통하려면 외국 유학과 실무 경험이 필수라고 생각했기 때문이다. 10년이라는 기간은 어떤 분야에서 자기주장을 할 수 있을 만큼 실력이 쌓이는 데 걸리는 시간과 내 성격상 최대한으로 견딜 수 있는 시간을 고려해 결정했다.

예측할 수 없는 미래에 대해 생각해 보는 일은 쉽지 않다. 하지만 앞으로의 인생에 대한 얼개를 가지고 있는 사람이나 골인 지점이 있는 사람과 그렇지 않은 사람은 다르다. 앞날에 대한 고민으로 만든 미래에 대한 계획은 운명적인 순간이 닥칠 때마다 내가 가야 할 길을 알려 주는 등대가 되었다. 모두가 만류하는데도 회사를 그만두고 대학 강사 일을 시작했을 때나, 경제적으로 어려워도 대학원을 다닐 때, 그리고 늦은 나이에 모든 걸 포기하고 미국으로 건너갔을 때도 용기를 낼 수 있었던 것은 목표가 있었기 때문이다.

불확실한 미래를 살아가다 보면, 중대한 결정을 해야 하는 절체절명의 시기가 생각보다 자주 찾아온다. 나는 그럴 때마다 특히 가족에 대한 책임감으로 주저주저했다. 그 책임감은 그동안 이루어 온 성과에 안주하게 하거나, 한 단계 더 발전할 수 있는 기회를 포기하게 할 만큼 큰 부담감이 되어 짓누른다. 무슨 이유 때문이든, 내가 주저할 때는 그것을 뛰어넘을 수 있는 확고한 계획과 비전이 필요하다. 하고 싶은 것과 가야 할 목표, 세부적인 실천 사항이 있을 때 우리는 자신과 자신의 꿈을 지킬 수 있다. 그리고 그것을 실행해 나가면서 사회와 세상이 바뀌고 인생은 앞으로 나아간다. 요즘같이 빠르게 변화하는 세상에 적응하려면 잦은 업데이트가 필요하겠지만 그래도 스스로를 장기적으로 디자인하는 것을 포기해서는 안 된다.

계획을 세운 후 20여 년이 흐르고 보니, 이루어진 것도 있고 그렇지 않은 것도 있다. 회사 생활 10년과 교수 생활 10년의 목표는 이루었지만 방송에 출연하겠다는 목표는 아직 이루지 못했다. 하지만 누구도 예측할 수 없는 상황이 일어나고 얼마든지 반전의 기회를 만들 수 있는 것이 인생 아니던가. 계속 바라고 가슴에 품고 있다 보면, 이전의 내 인생이 그렇게 흘러갔던 것처럼 기회가 주어질지도 모른다.

트렌드를 읽으면 디자인이 보인다

이기기 위해 팽이를 한 단계씩 업그레이드해 가는 과정은 디자인 프로세스와 비슷하다고 말했다. 이것은 공모전에서 작품을 준비하는 과정과도 비슷하다. 제자들의 공모전 수상 작품들을 소개하면서 함께 고민한 흔적들을 나누고자 한다.

브라이언트는 '렉스마크 프린터 공모전'에 나가겠다며 나를 찾아왔다. 그는 디자인 감각이 매우 뛰어난 학생이었다. 스펀지처럼 가르침을 흡수했고 발전 속도도 믿기 않을 정도로 빨랐다. 특히 자동차 디자인 쪽으로는 단연 최고로 기억하는 학생이다. 하지만 디자인 공모전 참가가 처음이었던 그는 방향을 잡는 데 애를 먹으며 내게 도움을 요청했다.

이 공모전은 요강을 읽고 분석해 보니 새로운 트렌드에 포커스를 맞

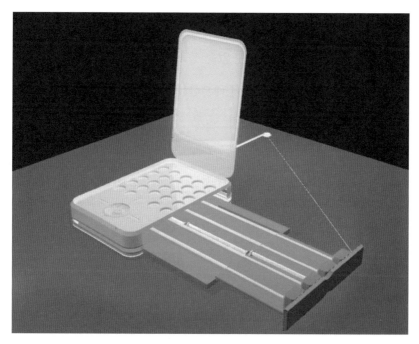

2002 렉스마크 프린터 공모전(Designed By Bryant Griffin)
소형화 트렌드를 적용한 휴대용 프린터. 몸체를 최소화하고 프린팅 부분을 몸체 밖으로 내보냈다

춘 디자인을 추구하고 있었다. 기존 프린터 시장의 강자들과 경쟁할 수 있는 아이디어 발굴과 낮은 인지도 만회가 공모전 개죄의 복석이라는 것을 알 수 있었다.

우선 브라이언트에게 현재의 트렌드를 분석하고 그것을 제품에 적용하자는 전략을 제시했다. 강한 팽이를 만들기 위해서 강한 철심 등이 필요했다면, 누구나 유용하게 사용할 수 있는 프린터에 필요한 것은 무엇인지 알아야 했다. 하지만 그의 경험과 역량으로 미루어 보아 미래의 트렌드를 예측하는 것은 역부족이었다. 나는 '소형화'를 제안했다. 당시의 프린터 크기는 지금은 상상할 수 없을 정도로 컸고, 소형화되어 가는 다른 기기들에 비해 뒤처져 있었기 때문이다. 나는 브라이언트가 프린트를 최대한 작게 할 수 있는 방법을 찾아, 휴대가 가능한 방향으로 디자인을 전개하도록 도왔다. 몸체는 최소화했고 프린팅을 하는 부분은 몸체 밖으로 내보내는 방법을 적용해 업그레이드했다.

결과는 2등상 수상. 기존의 프린터와는 완전히 다른 개념으로, 주변의 디자인과 상품의 흐름을 잘 판단하여 프린터에 새롭게 적용한 것이 수상 요인이 됐다. 브라이언트는 상금 7,000달러와 부상으로 소니의 컴퓨터시스템을 받았다. 그리고 지금은 세계적인 애니메이션 회사인 루카스필름 소속 매직라이트사에서 활발하게 활동하고 있다.

2

디자인실에 '괴물'이 한 명 들어왔다는 소문이

연구소와 공장 전체로 퍼졌다.

자세한 사정을 모르는 사람이 보기에

나는 배움의 열정이 불타오르는 신입 디자이너였던 것이다.

한번 선택했으면 제대로 미쳐라

열악한 환경은 신이 주신 선물

당시 기아자동차는 승합차 '봉고' 열풍으로 연일 승승장구하고 있었다. 하지만 내부 상황이 그리 좋은 것만은 아니었다. 기아자동차는 일본의 자동차 회사인 마쓰다에서 수명이 다된 모델의 금형을 통째로 들여와 그대로 찍어 내어 팔고 있었으며, 정부의 자동차 통폐합 정책에 따라 승용차 생산량은 제한되어 있는 상태였다. 그럼에도 불구하고 기아자동차를 선택한 것은 자동차 디자인에 대한 매력과 비전 때문이었다. 통폐합 폐지를 대비해 기술연구소를 새로 짓고 대규모 신입사원을 뽑고 있는 상태였으므로,

미래 전망은 밝았다.

경기도 광명시 소하리 기아자동차 생산공장 내에 위치한 기아자동차 기술연구소. 그러나 그곳의 디자인실에서 자동차 디자인을 향한 꿈에 부풀어 있었던 내가 처음 맡은 프로젝트는 고작 엠블럼과 로고 디자인이었다. 커다란 기대감으로 선택한 기아자동차의 디자인실은 상당히 실망스러웠다. 디자인 팀에는 남자 디자이너 서너 명과, 컬러와 직물 디자인을 담당하고 있는 여자 디자이너 두 명이 있었다. 디자인실에서 하는 작업이라고 해 봤자, 일본에서 그대로 들여온 자동차에 부착할 한국 이름 로고 디자인이나 데커레이션 테이프 디자인 정도였다. 그도 그럴 것이 일본이나 이탈리아에서 가져온 부품을 조립해서 판 것이 그때까지 기아자동차의 이력이라는 점을 간과했던 것이다. 얼마 지나지 않아 그들도 전체적인 자동차 디자인을 해 본 적이 없다는 것을 알게 되었다. 그나마 제일 경력이 오래된 디자이너는 대학교 교수로 곧 자리를 옮겼다.

오래지 않아 깨달았다. 이곳에서 내가 살아남을 길은 스스로 공부해서 자동차 디자인을 배우는 방법밖에 없다는 것을. 그때부터 자료실에 가서 자동차 디자인과 자동차에 관련된 책, 그 외의 도움이 될 만한 책들을 빌려 혼자 공부하기 시작했다. 거의 6개월간 퇴근도 하지 않고 디자인실 침낭 속에서 잠을 자며, 자동차 스케치와 렌더링*을 독학으로 연습했다. 사

---

* rendering. 2차원의 그림을 3차원 이미지로 바꾸는 것. 제품의 완성 예상도.

실 당시 나의 자동차 디자인 능력과 자동차에 관한 지식은 실무를 기준으로 봤을 때 거의 바닥이었다. 다행히 그때 당시 일본의 자동차 디자인 전문 잡지인 〈카 스타일링 *Car Styling*〉과 이탈리아 잡지인 〈오토엔디자인 *Auto & Design*〉을 보면서 많은 것을 배울 수 있었다. 두 잡지 모두 내용이 영어로도 병기되어 있어, 내용을 이해하는 데 큰 도움이 되었다.

지금은 홍대의 자동차 디자인 수업이 세계적인 수준에 올라와 있지만 당시만 해도 그렇지 않았다. 대학 시절을 통틀어 자동차 디자인이라곤 해본 적이 없던 나는 디자인실에서 밤을 불태우며 연습에 몰두했다. 내가 그렇게까지 할 수 있었던 것은 연구소가 생산 공장과 함께 붙어 있어서 아침·점심·저녁 삼시 세끼와 야식까지도 구내식당에서 제공되었기 때문이다. 게다가 집에서 회사까지 몇 번을 갈아타며 한 시간 이상을 시달려야 하는 콩나물시루 버스에서 해방될 수 있다는 점도 한몫했다. 부족한 실력을 쌓으면서, 출퇴근 시간과 차비를 절약할 수 있고 또 그로 인한 피로도 줄일 수 있었으므로 일석사조였다.

디자인실에 밤새 불이 꺼지질 않으니 야간 경비들이 문을 두드리기 일쑤였다. 잠도 안 자고 음악을 틀어 놓은 채 팬티 바람으로 자동차를 그리고 있었으니 얼마나 이상하다고 생각했을까? 디자인실에 '괴물'이 한 명 들어왔다는 소문이 연구소와 공장 전체로 퍼졌다. 자세한 사정을 모르는 사람이 보기에 나는 그저 배움의 열정이 불타오르는 신입 디자이너였던 것이다.

그렇게 석 달이 지났을 때, 나는 처음으로 봉고 트럭을 추가 작업자들이 탈 수 있는 킹캡* 용도로 디자인하라는 연구소장의 직접 지시를 받았다. 그것도 모델 제작 없이 바로 렌더링에서 시작차**로 만드는 프로젝트였다. 지금 생각하면 참으로 무지하기 짝이 없었다. 자동차 디자인의 '자' 자도 모르는 3개월 된 신입사원이 두 달 만에 시작차 2대를 만든다니. 당시에는 시작차를 제작하려면 모양과 기능이 다른 망치 수십 개를 가지고 일일이 손으로 두드려서 만들어야 했다. 지금 기준으로는 상상조차 할 수 없는 과정인 것이다. 상당히 무모한 도전이었지만 그 당시에는 선택의 여지가 없었다. 게다가 사실 나에게는 기회였다.

자료라고 해 봐야 일본 자동차 회사 카탈로그 몇 개에 디자인 잡지가 전부였지만 일단 자료를 조사하고, 3개월 동안 터득한 자동차 디자인에 대한 모든 지식을 총동원했다. 그리고 트럭이지만 고급스럽고 세련된 느낌의 차라는 콘셉트를 잡았다.

기존 트럭보다 넓은 공간과 뒷좌석을 두었고, 뒤에 붙는 화물 박스는 픽업*** 차량처럼 즉, 운전석과 연결되는 바디 일체형으로 디자인했다. 로프

---

* king cab. 운전석 뒤쪽에 사람이 탈 수 있는 추가 공간이 있는 봉고 트럭.
** prototype car. 시제품이 나오기 전 설계 타당성과 양산 타당성을 검증하기 위해 실제와 같이 제작하는 테스트용 모델.
*** pickup. 짐칸의 덮개가 없는 소형 트럭으로 앞쪽은 승용차, 뒤쪽은 트럭처럼 생겼다.

를 거는 고리도 최대한 밖으로 돌출되지 않도록 했다. 뒤쪽 개폐문에는 곡선을 넣었으며 기아 로고를 영문으로 음각했다. 개폐문에 다는 손잡이 장식도 최대한 사용하기 편하면서 심플하고 세련되게 디자인했다. 그리고 전체적인 디자인을 렌더링하여 도면을 작성했다. 발바닥이 닳도록 현장을 오가며 완고하고 거친 시작차 제작반 현장 직원들과 함께, 싸우기도 하고 어르기도 하면서 우여곡절 끝에 시작차 2대를 예정된 날짜에 완성했다.

시작차 프레젠테이션은 김선홍 사장을 비롯하여 공장장, 연구소장 및 많은 임원들이 모인 자리에서 했다. 프레젠테이션을 다 듣고 난 김선홍 사장은 환한 미소를 띠며 두 안이 다 좋으니, 공장장과 연구소장이 알아서 하라고 지시하고 홀연히 떠났다. 그 후 남은 임원진들의 반응에 나는 무척 당황하고 놀랐다. 공장장과 연구소장이 나에게 와서 악수를 하고 어깨를 두드리며 축하를 하고는, 디자인실 전체 회식까지 시켜 주었던 것이다. 까다롭기로 유명한 사장이 프레젠테이션을 보고 특별한 지적 없이 한 번에 승낙한 것은 사상 처음 있는 일이라고 했다. 이 일은 이후 기아자동차에 있는 동안 나에게 커다란 플러스 요인으로 작용하였다. 열악한 환경이었지만 그 안에서 뜻하지 않는 기회를 잡았던 것이다.

우물 안 개구리, 세상 밖으로

입사 후 6개월쯤 되었을 때, 담당 부서장이 나를 찾아와 이제 그만 집에 좀 가라고 했다. 그러다 죽기라도 하면 부서장 책임이라는 것이다. 어쨌든 본의 아니게 죽어라 노력하는 능력 있는 디자이너라는 인상을 회사에 각인시켰다.

마침 그즈음에 맞추어 기아에 새로운 바람이 불고 있었다. 그동안 우려 먹을 대로 우려먹은 5톤 트럭 '복서'의 풀모델 체인지full model change 를 독자적으로 개발하기로 한 것이다. 독자적 개발 경험과 능력이 전무했던 기아는 전체적인 개발을 당시 세계 최대 규모의 디자인 용역 회사인 영국의 IAD와 협력하여 진행하고자 했다. 그 일로 IAD의 실무자와 기아연구소 기획 팀이 계약 체결을 위해 협의 중이었다. 협의 내용에는 사장의 특명으로 기아 측 디자이너를 영국으로 파견해 그곳의 디자인을 배우게 하는 연수 계획이 첨부되어 있었기 때문에 디자이너도 회의에 참석하게 되었다. 기회는 이렇게 우연히 다가왔다.

공장장과 연구소장 그리고 담당 임원들이 참석한 와중에 기획 팀 과장의 통역으로 회의가 진행되었다. 그러나 나는 과장을 거치지 않고 바로 영어로 질문했다. 참석한 모든 사람들이 놀랐다. 영국에서 온 담당자도 그 후로는 주로 나에게 이야기하였고, 디자이너가 와도 전혀 문제가 없을 것 같다며 디자인 연수를 수락하였다. 감추어 두었던 영어 회화 실력이 빛을 발하는 순간이었다. 그 뒤로 그들과 회의를 하거나 대접을 하는 자리에는 항상 내가 불려갔다.

대학 생활 4년간, 디자인보다는 영어나 배우고 돌아다닌다는 빈정거림과 주변의 쓴소리를 들으면서도 일주일에 한 번씩 빠지지 않고 미국문화원에 소속되어 있는 영어회화 클럽에서 실력을 갈고닦아 온 나였다. 그 결과 '미국문화원 주최 영어웅변 대회'에서 2등상 수상, '홍익대학교 영어웅변 대회'에서 타임반과 헤럴드반 학생을 제치고 미대생 최초로 대상 수상, '전국 대학생 영어웅변 대회' 참가, 1980년에 있었던 '빌리 그레이엄 목사의 여의도 집회' 통역 담당이라는 이력을 남길 수 있었다.

2개월 후, 나는 입사 8개월 만에 나보다 먼저 들어온 선배 디자이너들을 뒤로하고 IAD로 가는 영국행 비행기에 몸을 실었다. 이것은 결코 그냥 얻은 기회가 아니었다. 짧은 기간 안에 보여 준 자동차 디자인을 배우려는 열성과 노력, 프로젝트 성공으로 확인된 디자이너로서의 가능성과 오랫동안 미리 준비한 외국어 능력. 이 세 가지가 기아자동차 디자인 팀의 미래를 위해 나에게 투자하려는 회사의 결정을 이끌어 낸 것이다.

영국의 디자인 문화에 반하다

영국의 남쪽 끝 휴양도시 워딩Worthing이라는 곳에 자리 잡은 IAD는 상당히 큰 규모의 회사였다. 세계 최고 수준의 디자인실과 모델실 그리고 베테랑 엔지니어링 팀과 시작차 제작 능력을 갖추고 있었다. 뿐만 아니라 유럽의 유명 메이커인 롤스로이스와 재규어, 볼보 등을 디자인한 경력도 있었다. 그곳에 상주하는 디자이너는 디렉터를 포함하여 3명이었고, 영국왕립미술원의 교수 두 명이 프리랜서로 참여하고 있었다. 그중에 한 명이 유명한 디자이너인 '켄 그린리(그는 90년대 쌍용자동차 디자인 책임자로도 일했다)'였다. 직원들은 대부분 유럽의 각 자동차 회사에서 경력을 쌓은 후 프로젝트에 따라 움직이거나 팀을 꾸리는 TFT Task Force Team 시스템과 아웃소싱 형태를 섞은 실용적인 구조로 운영되고 있었다. 한번 취직하면 거기서 정년퇴직하는 평생직장의 개념이 당연시되던 당시 한국의 관점에서 보자니 철새처럼 옮겨 다니는 그들이 안쓰럽게 느껴졌었다. 그것이 우리의 미래 모습인 것을 모르고 말이다.

또 충격적으로 다가온 것은 그들의 프레젠테이션 문화였다. 그곳에 도착하고 한 달 후, 외형 디자인의 방향을 설정하는 1차 프레젠테이션이 있었다. 한국에서 날아온 기아자동차의 연구소장, 기획 팀 과장과 IAD 사장, 디자인 책임자, 켄 그린리, 30년 경력의 엔지리어링 총괄 담당자 등이 참석한 가운데 프레젠테이션이 진행되었다. 놀랍게도 디자인과 설계 및 생산에 관련된 문제에 대한 답변과 해결책이 질문과 동시에 바로 그 자리에서 제시되었다. 렌더링을 보면서 각기 다른 디자인 안에 대한 장단점에 대해 브리핑했는데, 일일이 손가락으로 짚어가며 디테일하게 설명해 주어 디자인 팀이 수정한 후 설계에서 다시 검토하는 시간을 줄일 수 있었다. 특히 엔지니어링 피드백이 실시간으로 이뤄지는 걸 보고 나는 감탄을 금할 수 없었다. 요즘은 컨커런트 디자인concurrent design이라고 해서 컴퓨터로 설계 부서와 디자인 부서가 동시에 디자인 데이터를 공유함으로써 피드백이 자유롭게 오고 간다. 덕분에 개발 시기가 반으로 줄어들었는데, 당시 기아에서는 디자인과 설계 부서 사이에 오가는 피드백 과정 자체가 전쟁이었다.

서로가 확신이 없는 상태에서 책임을 회피하기 위한 핑퐁 게임이 계속되는 것을 경험한 나에게 이런 프레젠테이션은 경이로움 그 자체였다. 이런 심도 있고 실질적인 프레젠테이션을 통해 디자인 개발이 결코 디자이너 선에서 끝날 수 없다는 것을 실감했다.

그곳에서 일하면서 우리와는 다른 그들의 디자인실 분위기와 효율적인 시설 운영에 놀라기도 했지만, 무엇보다 그들의 실력은 나의 디자인 작업에 관한 생각 자체를 바꾸어 놓았다. 그들은 하루 일과 자체가 나와 달랐다. 아침부터 엄숙하게 시작하는 한국의 기업과 달리 그들은 출근해서 커피를 마시며 음악을 듣기도 하고 떠들고 장난치기도 했다. 하지만 그러다가도 내가 몇 날 며칠을 걸려도 하지 못할 정도의 디자인을 볼펜과 마커로 쓱쓱 그려 내는 것이 아닌가! 나는 아래 그림을 깔고 스케치를 하는 실력이었는데, 밑그림도 없이 자유롭게 스케치를 하는 모습을 보니 머리가 띵해졌다. 게다가 그들은 한번 시작하면 망치는 작품 없이 완성해 냈다. 참신한 아이디어가 스타일링으로 승화되어 자연스럽게 표현되는 그 현장이 나에게는 충격으로 다가왔다. 특히 자연스러운 투시 스케치*는 도저히 따라갈 수가 없었다. 쓰는 재료도 달랐고 발상의 근본부터가 달랐다.

회사에서 인정은 받았지만, 독학으로 쌓은 초라한 실력인 데다가 영국 남쪽의 심한 사투리를 알아듣는 데만 일주일이 넘게 걸리는 낯선 환경에 적응하느라 안 그래도 정신이 없던 나는 완전히 주눅이 들고 말았다. 왜 나는 스케치 한 장을 완성하는 데 그렇게 오랜 시간을 끙끙거리고 앉아 애매한 종이만 수없이 없애고 있는가? 그때는 영국 디자이너만큼의 경지에 오르려면 얼마나 많은 노력이 필요한지를 따질 수 있는 처지가 아니었다.

오랫동안 생각했다. 과연 무엇이 문제인가?

당시만 해도 영국은 우리와 문화적·경제적·교육적·사회적 환경이 크게 달랐다. 우선 주변에 보이는 것 자체가 무척 아름답다. 자연경관과 문화유산이 그들의 성장에 끼친 영향도 크지만, 앞서 있는 디자인 수준과 정

---

* 3차원의 입체물을 소실점을 이용하여 2차원으로 옮겨 현실감 있게 나타내는 스케치.

책 그리고 디자인 대학의 역사와 전통은 한국과 비교조차 힘들었다. 거기다가 자동차에 대한 그들의 열정과 관심은 우리의 상상을 넘어 있었다. 내가 있는 지역은 휴양지이면서도 우리나라로 따지면 지방 소도시인데도 집집마다 수리 중으로 보이는 알 수 없는 종류의 차들이 차고를 채우고 있었다. 틈만 나면 차와 더불어 지내는 것이 일상적인 그들의 삶이었다.

나의 경우는 어떤가? 전쟁으로 다 부서진 건물과 허름한 판잣집, 삭아서 허물어져 가는 담벼락, 쓰레기 더미에 진흙탕길이며, 더벅머리에 때가 절어 있는 얼굴······. 아름다운 것을 보고 자라기에는 너무나 열악했던 주변 환경 탓에 나의 몸속에는 기본적인 미적 요소가 절대 부족할 수밖에. 아무리 머리를 굴리고 몸부림을 쳐 봐야 경직되어 있는 몸뚱이와 텅 빈 기억의 금고 속에는 뭐 하나 가져다 참고할 수 있는 것이 없었다.

교육은 어땠는가? 시키는 것만 죽도록 하지 않았던가? 개성을 존중하고 인격을 중요시하는 교육은 받아 보지 못했다. 내가 생각한 것이 다른 사람과 다르면, 내가 틀린 것이라고 지적받았다. 그렇듯 남과 다르면 불안하고 따돌림을 받는 것에 익숙한 주변 환경은 자유로움과 자연스러움을 허락하지 않았다. 우리나라의 산업디자인 초창기에 받은 교육과 몇 백 년 이상의 전통을 가진 산업디자인 종주국에서 받은 교육의 차이는 매우 컸다. 그렇게 맛없는 음식을 먹고 자라면서, 저렇게 멋진 디자인을 하는 영국인들이 당시에는 마냥 신기하고 부럽기도 했다.

이렇게 공동 개발에 참여했던 프로젝트는 국내에서 '트레이드'와 '라이노'로 시판되어 그야말로 대박을 쳤다.

치열한 학습이 커리어를 만든다

승용차에 대한 규제가 풀리자 기아자동차는 그 사실을 홍보하기 위해 여의도 본사에 콘셉트카*를 전시하는 프로젝트를 추진했다. 기아자동차 콘셉트카, '코드명 KMX 시리즈'는 이렇게 시작되었다. 우리는 이 프로젝트를 1984년 일본의 디자인 용역 회사인 GK디자인과 함께 추진했다. 그렇게 제작한 콘셉트카는 커다란 관심을 불러일으켰고, 반응이 상당히 좋아 지속적으로 콘셉트카를 제작하는 데 초석이 되었다.

렌더링이 오가고 디자인실도 그 결정 과정에 참여한 덕분에, 일본 스타일의 디자인 감각과 렌더링 스킬, 모델 제작 능력을 배울 수 있었다. 그들은 콘셉트카의 스타일을 꼼꼼하게 표현하기 위해 벨럼 종이vellum paper라는 반투명 종이를 사용했는데, 기아에는 그 재질을 경험한 사람도 없었고 어디에 써야 할지도 몰랐다. 나중에 안 사실이지만 우리는 그 종이를 포장지로 쓰고 있었다.

• concept car. 향후 자동차에 적용될 신기술과 디자인 개발 방향을 제시하기 위해 만든 자동차.

영국에서 돌아온 나는 선진 디자인 개발에 처음부터 끝까지 참여한 경험을 살려 연습을 계속하면서 향후 생산할 승용차를 홍보하기 위한 콘셉트카를 디자인했다. 나는 이 콘셉트카에 많은 시간을 투자하여 5분의 1 스케일 모델 2대를 제작하여 프레젠테이션을 했는데, 이것이 주위의 호평을 받으며 전경련회관에 상설 전시되었다. 그리고 이를 계기로 디자인부터 1:1 모델 제작까지, 자체 콘셉트카 프로젝트를 주도적으로 진행하는 행운을 잡았다.

자동차 디자인을 꿈꿔 온 내가 실력을 발휘할 수 있는 기회였다. 1년을 투자해, 5분의 1 스케일 클레이 모델clay model과 시스루 FRP 모델*에 그치지 않고, 1:1 클레이 모델을 만들고 석고 금형을 떠 국내 최초 1:1 시스루 FRP 모델까지 제작했다. 그리고 김선홍 회장과 임원진 앞에서 내 작품을 발표하여 기대 이상의 관심을 받았다. 김 회장은 "언제 나 모르게 외국에 디자인 용역을 주었느냐?"라고 물었다. 그는 자체 제작한 것이라는 연구소장의 대답에 상당히 놀라워했다. 입사 2년 만의 일이었다. 그 후, 나의 콘셉트카를 연구소 로비 중앙에 있는 턴테이블 전시대에 전시하라는 연구소장의 명이 떨어졌다. 그때의 짜릿함이란! 디자이너로서 잊지 못할 순간이었다.

---

* See Through Fiber Glass Reinforced Plastic Model. 유리섬유강화플라스틱으로 제작해서 안을 들여다볼 수 있는 모델. 실내디자인까지 완성해야 가능하다.

기아자동차는 영국 IAD와 지속적인 관계를 유지하면서도 상대적으로 가깝고 임원들이 언어에 불편함이 없는 일본과 콘셉트카뿐만 아니라 다른 디자인의 개발을 병행하고 있었다. 한때 선풍적인 인기를 끌었던 2000cc급 승용차 '콩코드'는 일본 마쓰다의 '패밀리아'라는 차를 들여다 페이스 리프트˙만 해서 출시한 차였다. 이 모델은 성능이 뛰어나 자가 운전자와 택시 기사들에게 크게 호평을 받았는데 당시에는 럭셔리 카에 속했다. '프라이드'보다 위급인 1500cc급 중형차가 없었던 기아차는 고육지책으로 콩코드에 1500cc 엔진을 장착하여 시판할 계획을 세웠다. 디자인 포인트는 '외형은 작게, 인테리어는 싼 티 나게'로, 앞과 뒤만 고쳐서 '콩코드'와 다른 차로 만드는 것이 목적이었다.

이 프로젝트는 앞부분은 범퍼와 라디에이터 그릴˙˙, 헤드 램프head lamp만 바꿀 수 있고, 뒷부분도 범퍼와 리어 콤비네이션 램프˙˙˙와 가니쉬˙˙˙˙정도만 바꿀 수 있는 등 디자인 적용 범위가 한정되어 있었다. 그러나 이것마저도 일본 디자인 용역사로 넘어갔다. 디자인 공동 개발이라는 전제로 말이다. 당시 기아는 사원들에게 영국과 일본으로 출장을 가서 개발에 공동으로 참여할 수 있는 기회를 많이 제공했다. 초기에는 언어능력에 개의

˙   face-lift. 전면부 디자인 개선.
˙˙ radiator grill. 라디에이터 냉각에 필요한 공기를 받아들이는 통풍 장치.
˙˙˙ rear combination lamp. 후진 기어를 넣을 때 켜지는 자동차 뒷부분의 램프.
˙˙˙˙ garnish. 자동차 문이나 뒷면에 쓰이는 장식품.

l985년, 씰사가 디자인하고 제작한 콘셉트카 쿼드(Quad)

치 않고 관련 담당자를 보냈지만 언어장애로 인해 여러 가지 문제가 야기
되고 연수 성과가 미비하자, 언어 테스트에 합격한 자에 한해 해외 연수 및
출장을 보냈다.

　나는 미래지향적인 디자인을 추구했기 때문에 회사의 이러한 디자인 개

발 방향이 내키지는 않았다. 하지만 언어가 점점 중요해지는 환경에는 공감했다. 일어를 한마디도 못했던 나는 일어 공부를 시작했다. 매일 저녁 7시부터 9시까지 학원에 다니면서 공부한 지 두 달 반쯤 됐을 때, 일어 평가 시험인 TOJIC 테스트가 있었다. 외국에 파견되기 위한 커트라인은 50점이었는데, 경험 삼아 본 시험에서 51점으로 통과하는 믿기지 않는 결과가 나왔다. 결론적으로 원래 가기로 했던 디자인 담당자는 시험에 통과하지 못하고, 시험에 붙은 나와 후배 디자이너 둘이 일본 요코하마로 디자인 공동 개발을 하러 떠났다.

일본의 근무 분위기는 영국과 사뭇 달랐다. 아침에 출근하면 잔잔한 음악을 배경으로 일과가 시작된다. 대화 한마디 없이 빗자루로 지우개 가루를 쓰는 소리와 연필로 스케치를 하거나 도면을 그리는 소리밖에 들리지 않았다. 10시 반에 차를 마시고 점심시간에 도시락을 먹고 나면 주차장으로 가서 먼지 하나 없이 차를 닦고, 다시 일을 시작한다. 일의 능률로만 따지면 한국의 3배 정도 되는 것 같았다.

일본에서 배운 것은 정확성과 계획성 그리고 성실성과 능률성이다. 그들의 섬세함과 성실성은 결과물에서 나타났다. 일본에서의 작업은 시작부터 도면에 의거하여 한 치의 오차도 없이 진행되었다. 창의적이거나 개성적이라기보다 계획한 대로 결과를 이끌어 내는 데 주력했으며, 아웃소싱을 할 때도 오차 없이 정확하게 진행했다. 스케치와 렌더링도 도면을 기본으로 진행했고, 아이디어는 특별한 것이 없었지만 표현 기술은 디테일하고 우리보다 한 수 위였다. 모델 제작 과정도 치밀하고 계획적이었다. 예를 들어 제작 시간을 단축하기 위해 하청을 준 여러 가지 부품들을 들여와 조립을 할 때도 아무런 문제없이 딱 들어맞았다. 양산 설계가 아닌 모델 제작 과정이라 설계에 변화가 많음에도 불구하고 오차가 없다는 사실이 놀라웠다.

어쨌든 일본과의 합작을 통해 '외형은 작게, 인테리어는 싼 티 나게'라는 디자인 콘셉트로 만들어진 차가 '캐피탈'이다. 이 차 역시 대중과 택시 기사들에게 큰 인기를 끌었다.

세 계 를 휩쓴 제 자 들 의 **공 모 전 수 상 작**

새로운 제조 방식을 적용하다

영국과 일본에서 여러 디자인을 보면서 디자인 기술도 많이 배웠지만, 각국의 특징을 알게 된 것도 큰 소득이었다. 선진국에서는 이미 자국의 특징과 기술을 살려 좋은 자동차를 만들어 내고 있었다. 나라뿐만 아니라 개인도 디자인을 할 때는 자신만의 강점을 살리는 것이 좋다.

2008년 제시카가 참가한 의자 디자인 공모전은 과제를 출품해 우승한 경우다. 제시카는 전공이 대량생산보다는 공예 쪽이었기 때문에 그 점을 강점으로 삼고 강화시켜 디자인을 보완했다. 의자는 다리, 상판 그리고 등받이로 구성되는 것이 보편적인데, 이 발상을 전환하여 전체가 이음새 없이 하나로 연결되는 심리스seamless 디자인으로 방향을 잡았다.

이 디자인 방향은 대량생산을 하기에 많은 문제점이 있고, 구조에 대해

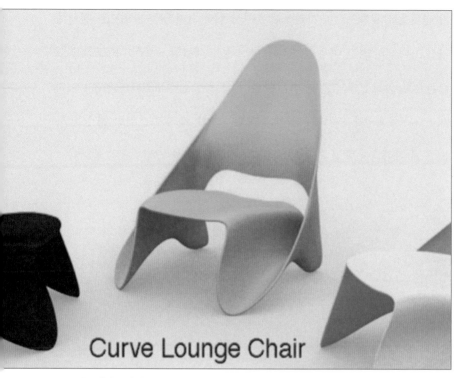

2008 원굿체어 디자인 공모전(Designed By Bryant Griffin)
작업자의 강점을 살려 심리스 디자인으로 제작한 의자

제대로 이해해야 가능한 것이라 제시카에게는 힘든 도전이었다. 하지만 성실하고 논리적이며 디자인 감수성이 풍부한 그녀는 수많은 스케치와 종이 모형 제작을 거쳐서 새로운 형태를 얻으려고 노력했다.

디자인의 견고성이 떨어지고 대량생산에 여러 가지 문제점이 있어 디자인을 계속 발전시켜 나가는 와중에 공모전이 열렸다. 제시카와 나는 의자의 기능을 다 하면서도 기존의 의자 생산 방식과 전혀 다른 방향 즉, 의

자 전체를 일체형으로 디자인하여 추가 조립을 하지 않는 방법으로 진행해 나갔고 다행히 기간 내에 문제점을 어느 정도 해결할 수 있었다. 그리고 그 결과물로 공모전에 참가하여 파이널리스트5에 선정되었다(순위를 매기지 않고 상위 다섯 명만 선정하는 방식의 공모전이었다). 제시카는 인턴 과정을 하는 중에 취직되어 졸업 후 현재 GAP과 바나나리퍼블릭에서 활약 중이다.

나는 거기서 남들이 다 한심하다고 생각한 방향을,

최고의 결과물로 승화시키는

엉뚱함과 치밀한 논리적 전개를 보았다.

미친 아이디어를 창의적인 발상으로 바꾸는 논리적인 과정.

그 경험은 훗날 내가 학생들을 가르치는 데 커다란 영향을 주었다.

별게 다 디자인이 된다

불가능한 일도 포기하면 0%, 도전하면 1% 이상

아트센터 디자인 대학. 당시 세계 자동차 회사의 디자인실 책임자 중 70%는 이곳 출신이었다. 그 명성만큼이나 들어가기도 까다로워 TOEFL 550점 이상이 아니면 원서도 낼 수 없었다. 때문에 당시 국내에서 응시해 입학하는 경우는 거의 없었다. 입학하기도 힘들고 졸업하기는 더 힘들다고 정평이 나 있는 자동차 디자인 교육의 산실, 나는 그 치열한 경쟁 속으로 들어가게 된다.

1985년 영국에서 돌아온 나는 회사로부터 영국왕립미술원으로 유학 갈 준비를 하라는 지시를 받았다. 영국의 디자인 회사 IAD에서 기아자동차와 협업을 한 디자이너들이 모두 영국왕립미술원 출신이었고, 그곳의 교수였기 때문에 내려진 결정이었다. 이 학교 역시 아트센터와 쌍벽을 이루는 유럽 최고의 자동차 디자인 교육기관이었다. 나는 외로웠던 영국 출장 경험을 바탕으로 한 번에 두 명은 가야 한다고 기안해 결재를 받고, 영국왕립미술원에 포트폴리오를 보내 입학 허가를 받아놓았다. 그런데 회사의 사정으로 유학이 연기되고 시간이 흐르면서 유학처가 영국왕립미술원에서 아트센터로 바뀌었다. 아트센터에서 회사의 디자이너를 대상으로 진행하는 세 학기짜리 프로그램*으로 유학 방침이 변경된 것이다. 거기다 유학 선발 기준이 강화되어 나는 혹독한 사내 유학 선발 시험을 치러야 했다. 결국 수십 대 일의 경쟁을 뚫고 나서야 어렵게 아트센터로 유학을 갈 수 있었다.

유학 생활은 그 자체로 나 자신에 대한 도전이었다. 나는 건강회복을 위해, 중학생 시절부터 새벽 4시에 일어나 운동을 하던 게 습관이 되어서인지 잠이 없는 편이다. 그래서 대학 시절에는 아무리 술을 마시고 들어와도 영어책을 읽고 잘 수 있었고, 덕분에 남들보다 더 놀더라도 수업에 뒤처지지 않을 수 있었다. 남들보다 더 많은 시간을 활용할 수 있다는 것은 나의 무기 중 하나였다.

그런데 아트센터의 수업은 이렇게 자신만만했던 나를 무너뜨렸다. 미국

●　교육과 졸업의 과정은 같으나 학위는 주지 않음.

에 적응할 시간도 없이 전체 8학기 수업의 커리큘럼을 5학기부터 시작했다. 준비 과정도 없이 무작정 수업을 듣다 보니 여간 힘든 것이 아니었다. 현지 학생들도 버티기 힘든 낯선 곳에서, 정보도 없이 방황하며 수많은 시행착오를 겪어야 했다. 특히 상상도 못 할 과제량에 정신이 나갈 것만 같았는데, 그마저도 내 능력으로는 해낼 수 없어 보이는 것들이 대부분이었다. 당연히 몇 달 동안 잠 한숨 제대로 자지 못했다. 그렇게 6개월이 지날 때쯤 나는 거의 폐인이 되었다. 본사에 휴학 신청을 했지만 받아들여지지 않았다.

설상가상으로 아내가 임신을 했다. 졸업 작품 전시는 다가오고, 해야 할 과제는 눈덩이처럼 불어나고, 엎친 데 덮친 격으로 아이가 거꾸로 서서 제왕 절개 수술을 해야 하는 최악의 상황이 닥쳤다. 회사의 유학 담당자가 미국 실정에 무지한 데다 처음 보내는 미국 유학이었던지라, 회사에서 지원해 준 보험으로는 출산이 커버되지 않았다. 당시 만 달러(지금 가치로도 천만 원이 넘는 돈이다. 25년 전에는 상상을 초월하는 액수였다) 정도하는 수술비를 감당할 방법이 없었다. 회사에 도움을 청했지만, 이미 유학 예산이 결정되고 집행하는 중이라 추가로 지원할 수 없다고만 했다. 하늘이 무너지는 것 같았다. 해결 방법을 찾기 위해 백방으로 노력했지만 어쩔 도리가 없었다. 그러던 중 '메디케이드Medicaid'라는, 저소득층에게 무료 의료 혜택을 주는 사회보장 제도가 있다는 것을 알았다. 하지만 아트센터는 등록금이 비싸기로 미국에서 세 손가락 안에 드는 학교라, 이 혜택을 받기란 하늘의 별 따기였다. 하지만 나는 이 실낱같은 가능성을 포기할 수 없었다.

역시 쉽지 않았다. 나는 당시 혼자 지내는 아내의 안전을 고려해 월세가 700달러나 되는 꽤 비싼 아파트에 살면서 2500달러짜리 중고이긴 하지만 배기량이 5000cc나 되는 큰 차를 몰고 있었다. 겉으로만 보면 꽤 부유한 데다가 회사에서 지원을 받는 유학생이 저소득층의 의료 혜택을 받게 해달라고 하니, 결과는 당연히 '리젝트reject(거절)'였다. 나는 정색을 하고 '내가 돈이 있으면 왜 이런 곳에 와서 사정을 하겠는가? 급하게 도움이 필요하다. 아이가 위험하다.'라며 사정했지만, 담당자는 한국인 중에는 잘 사는데도 거짓으로 보고하는 경우가 많다며 도움을 줄 수 없다고 했다. 나는 물러서지 않고 '이 기관의 목적은 돈이 없어 당장 도움이 필요한 사람을 도와주는 것이 아니냐.'라며 소리를 질렀다. 물끄러미 바라보던 담당자는 나에게 열 페이지가 넘는 질문지를 던지며 작성해서 내라고 했다. 백 개가 넘는 질문에 있는 그대로 대답해서 가져다주었다. 같은 내용의 질문을 다른 방법으로 해서 거짓말을 찾아내는 질문지 같았다. 일주일 후에 혜택을 받을 수 있다는 답변을 받았다. 그때 아내가 흘린 눈물을 잊을 수가 없다. 멀리 미국까지 와서 이런 고생을 하리라고 누가 생각이나 했겠는가. 정말 절박하고 억울하고 답답한 일이 닥치더라도 무엇이든 발 벗고 알아보고 절실하게 두드리면 길이 있다는 사실을 절감했다. 불가능하다고 생각하고 그대로 포기한다면 그것은 영원히 불가능한 일로 남는다. 가능한지 불가능한지 알아보기 위해 시도하는 것, 그 자체로 의미 있는 일이 아닐까.

어쨌든 그렇게 힘들게 첫아이를 얻었고 예정일보다 일주일 앞서 수술을 한 덕분에 졸업 작품을 무사히 마칠 수 있었다. 당시 아트센터에서의 모든 기억이 나에게는 전쟁과 같았다. 디자인을 배우고 그것을 토대로 바로 취업을 해야 하는 아트센터 학생들은 물고 뜯기는 정글의 법칙 속에 사는 듯했다.

디자인 전쟁터에서 살아남기

아트센터는 산 정상 가까이 있는 학교로, 도로에서는 학교를 볼 수 없다. 하지만 안으로 들어와 학교 잔디밭에서 내려다보는 경치는 정말 인상적이다. 로즈볼 구장이 있는 아름다운 패서디나Pasadena의 전경이 보이기 때문이다. 점심시간이 되면 학교 내에 사슴 가족들이 내려와 점심을 먹고 있는 학생들 사이를 겁 없이 돌아다닌다.

겉으로 보기에는 평화롭고 아름답지만, 학교 안 강의실과 실기실에서는 불꽃 튀는 경쟁이 일어난다. 내가 공부하던 그때도, 젊은 학생들의 열기가 흠뻑 느껴졌었다. 특이하게도 두어 명의 전설적인 교수들에게 배운 것을 제외하면, 교수들에게 배운 기억보다 다른 학생들에게 배운 기억이 훨씬 많을 정도이다. 새로운 스케치 방법이나 모델 제작 방법 그리고 프레젠테이션 방법까지. 'Big 3'라고 불리는 미국의 3대 자동차 회사인 GM, 포드, 크라이슬러로 학생들이 인턴십을 갔다 오면, 연수 기간 중에 터득한 특별한 노하우를 감추고 있다가 학기 마지막 프레젠테이션을 하면서 터트린다. 반응이 좋다 싶으면 학생들은 유행처럼 그것을 따라 한다. 그러다 다음 학기에는 또 새로운 것이 등장하고 그것을 따라 하고…… 이러한 순기능이 계속되며 앞으로 나가는 것이다. 그런 만큼 새로운 기술에 대한 경쟁이 장난이 아니었다.

내가 있을 당시에도 새로운 것이 유행했다. 파이널 프레젠테이션은 4분의 1 스케일의 클레이 모델과 1:1 사이드뷰 렌더링* 그리고 스케치로 꾸미는 것이 보통이었다. 그러다 한 학생이 시간을 절약하면서도 효과적인 방법을 배워서 써먹었다. 작은 종이에 렌더링을 한 뒤 확대 컬러 복사를 해 1:1 투시 렌더링을 한 것이다. 이것이 학생들 사이에 엄청난 반향을 일으켰다. 돈이 꽤 들어가기는 했지만 시간이 절약되고 그 효과도 뛰어났기 때문이다. 아트센터에서 학생들의 최대 관건은 시간 절약과 최고의 효과이기 때문에 이 두 가지를 충족시키는 이 대안은 한 학기를 풍미했다.

과제를 하기 위해 페인트 부스를 사용하는 것도 아트센터에서 치러지는

---

* Side View Rendering. 측면 모양을 사진같이 자세하게 묘사한 그림.

전쟁 중 하나였다. 페인트 부스는 평상시에 밤 10시까지만 사용할 수 있다. 다른 것은 스튜디오에서 밤새 작업할 수 있지만, 이곳만은 안전상의 이유로 개방하지 않았기 때문이다. 그러다 보니 늘 과제하느라 시간에 쫓기는 학생들에게는 최악의 상황으로 몰아갈 수도 있는 변수였다. 그런데 학기의 마지막 일주일 정도는 학생들이 천장을 통해 들어가 문을 열고 사용을 해도 경비들이 묵인을 해주는 전통이 있다는 것이 아닌가. 그 사실을 뒤늦게 알았을 때는 사막에서 오아시스를 발견한 것 같은 심정이었다. 하지만 페인트 부스를 사용할 수 있더라도 모델을 올려놓고 칠을 할 수 있는 카트가 있어야 작업이 가능하기 때문에, 카트를 확보하지 못하거나 사용 시간 예약을 제때 하지 못하면 밤이 다 지나가도록 페인트 작업을 하지 못하는 경우도 왕왕 있었다.

첫 학기에 나는 발군의 실력을 발휘할 수 있으리라 믿었다. 이미 기아에서 1:1 모델까지 다 만들어 봤기 때문이다. 특히 모델 제작에는 소질이 있어서 클레이 모델 제작만큼은 학생들에게 제2의 교수와 마찬가지였다. 하지만 문제는 페인트였다. 회사에 있을 때는 모든 것이 최상으로 준비되어 있었지만 이곳에서는 페인트 구입부터 스스로 해야 했다. 학생들은 이미 자신들이 잘 아는 가게가 있어 전부 특수 커스텀메이드*를 사용하고 최고의 효과를 내기 위해 자신이 아는 노하우를 총동원했다. 그런 사실을 모르

---

* custom made. 대량생산 제품이 아닌 소비자 주문에 의해 제작하는 것.

던 나는 학교에서 제공하는 시너thinner를 사용했으니, 페인트를 칠하면 다른 학생들만큼 광이 나지 않는 게 당연했다. 학생들은 클레이 모델을 할 때는 그렇게 알려 달라고 쫓아다니더니, 도장할 때가 되자 절대로 자신들의 노하우를 알려 주지 않았다. 그만큼 경쟁이 치열했다.

그렇게 과제를 하느라 며칠 밤을 연속으로 새우다 보니 체력은 극도로 떨어지고 몸을 가누기도 힘들어, 카페테리아에서 점심을 먹다가 기절을 한 적도 있었다. 미국의 다른 학교에서 이런 상황이 벌어졌으면 응급차에 소방차까지 부르고 아마 난리가 났을 것이다. 하지만 이곳은 달랐다. 학생 담당 여의사가 오더니 '약을 줄 테니 먹고 잠시 쉬다가 수업에 들어갈래, 아니면 구급차 타고 병원에 가서 수업에 빠지고 불이익을 당할래?'라면서 결정하라는 게 아닌가. 정말 어이가 없었다. 그 순간 어떤 기억이 떠올랐다.

첫 학기 전공과목 파이널 프레젠테이션 때 있었던 일이다. 한 일본 학생이 몇 주 동안 밤을 새면서 당일 새벽까지 모든 준비를 끝냈다. 그리고 발표를 하기 위해 샤워하고 옷을 갈아입으러 집에 갔다가 끝내 쏟아지는 잠을 이기지 못하고 잠들었다고 한다. 발표가 끝난 오후 3시에 나타난 그 학생은 죽도록 준비했지만 결국 C-를 받았다(이 수업은 내가 A-를 받은 것이 거의 최고점이었던 것으로 기억한다). 열심히 준비해야 함은 물론이고 스스로를 관리하여 결과를 내기까지가 모두 평가에 들어가는 것이다. 나는 약을 먹고 쉬는 쪽을 택할 수밖에 없었다.

미친 아이디어에 논리의 옷을 입혀라

　수업 시간에 과제를 평가하는 것도 정말 살벌했다. 당시 아트센터에는 전설의 교수가 두 명 있었다. 한 명은 포드의 '머스탱'을 제작한 사람으로, 개인적으로는 인자하기가 더할 나위 없었지만 평가 시간에는 가차 없었다. 파리가 미끄러져 떨어질 정도로 매끈하고 정교하게 모델을 만들어도, 귀신같이 잘못된 부분을 찾아냈다. 수십 개가 넘는 형광등 아래에 모델을 놓고 그 위에 비치는 형광등 모양의 변화로 면의 잘못된 부분을 찾아내는가 하면, 면에 새겨진 선이 조금만 정확하지 않아도 다 지적했다. 페인트 상태도 각 부위별로 너무 많이 뿌렸다거나 덜 뿌렸다는 등 사소한 부분까지 하나하나 다 체크하며 그 자리에서 점수를 주었다. 나는 B+를 받았다. 너무 기분이 나쁘고 자존심이 상해 표정을 구기고 있는데 학생들이 박수를 치는 것이 아닌가. 나를 놀리는 것인 줄 알았는데, 들어 보니 그 교수한테 그 정도면 나쁘지 않은 점수라고 했다. 정말 상위권 점수였다.

　5년 경력의 디자이너였음에도 C를 두 개나 받았다. 정말 어이없고 비참한 성적이었다. 그중 하나는 또 한 명의 살아 있는 전설이 가르치는 '비주얼커뮤니케이션'이라는 과목이었다. 이 전설의 교수는 수십 년간 아트센터 학생의 스케치 실력을 책임져 온 사람이다. 이분은 수업 시작 전에 이전 학기 학생들이 한 과제 중에 잘된 작품을 골라 와 교실에 붙인다. 그것이

다음에 해 와야 할 과제이다. 처음에는 나도 꽤 좋은 평가를 받았지만 다른 전공 실기 과제에 밀려 과제를 몇 번 늦게 냈더니 가차 없이 C학점이 돌아왔다.

다른 하나는 그래픽 수업이었다. 이 수업에서 자신을 소개하는 브로슈어와 명함을 디자인하는 과제가 있었다. 나는 한자를 이용해 동양적 이미지를 강조하면 새롭지 않을까 하고 시도를 했는데, 결과적으로 C를 받았다.

이 수업에서 기억에 남는 에피소드가 있다. 첫날 과제를 발표하는 시간, 다른 학생들은 수십 장의 아이디어 스케치를 붙이고 있었다. 그런데 이탈리아에서 유학 온 학생 한 명이 달랑 물음표 부호만 그린 스케치 한 장을 붙이는 게 아닌가. 그것을 보고 모두 '저 친구는 오늘 사망'이라고 생각하고 있었다. 그러나 그는 30분 넘게 물음표 부호를 선택한 이유에 대해 논리적으로 설명했다.

"브로슈어와 명함은 자신을 소개하는 것입니다. 그러므로 상대방의 입장에서 보자면 '이 사람은 누구인가?'라는 의문부호가 브로슈어의 첫 페이지를 장식해야 합니다."

이런 말과 함께 물음표의 정의와 유래에 대해서 설명했다. 그리고 물음표는 상대방의 궁금증을 극대화하여 안의 내용을 오랫동안 기억할 수 있게 하는 방아쇠 같은 역할을 한다는 취지로 말을 마쳤다. 발표가 끝나자, 우리의 예상과 달리 교수는 박수를 쳐 주었다. 아이디어는 양보다 질이었다. 결국 최종 프레젠테이션에서 그 학생은 물음표를 창의적으로 이용한 브로슈어와 명함으로 최고 점수를 받았고, 즐비하게 잡동사니를 늘어놓은 나를 포함한 동양인 학생들은 최하 점수를 받았다.

나는 거기서 남들이 다 한심하다고 생각한 방향을, 최고의 결과물로 승화시키는 엉뚱함과 치밀한 논리적 전개를 보았다. 미친 아이디어를 창의적인 발상으로 바꾸는 논리적인 과정. 그 경험은 훗날 내가 학생들을 가르치는 데 커다란 영향을 주었다.

내가 졸업할 당시 기조 연설자는 크라이슬러의 리 아이어코카 회장이었다. 그는 크라이슬러자동차를 적자에서 흑자로 변환시킨 신화적인 인물로, 전 세계적인 각광을 받고 있었던 유명 인사다. 이것만 봐도 아트센터의 위상을 잘 알 수 있다. 더불어 이 학교 졸업 전시회에는 유명 자동차 회사의 경영진들과 디자인 관계자들이 대거 몰려와 학생들의 발표를 듣는다. 그리고 그 자리에서 누구를 스카우트할 것인지 정한다. 기업과 학생 양쪽 모두에게 기회의 장인 셈이다. 그렇기 때문에 졸업 예정자들에게 자리 배정은 정말 중요했다. 당시 나는 상당히 좋은 자리를 배정 받았지만 이미 직장이 있던 터라 다른 학생에게 양보했다. 실력이 뛰어난 학생들은 서너 군데에서 집중적으로 제의를 받아, 그중에서 가장 좋은 조건의 회사를 선택할 수도 있다. 반면에 그렇지 못한 학생들은 포트폴리오를 들고 직접 유럽으로 가서 일자리를 구해야 했다. 이런 이유로 학생들은 졸업 전까지 긴장을 늦출 수가 없었다. 치열하게 공부했어도 졸업하는 날까지 최고의 자리에 오르지 못하고 다른 학생보다 실력이 떨어지면 취업하는 데 직접적인 영향을 받았다. 그러니 실리를 가장 중요하게 여기는 미국 학생들과 유학생들의 경쟁은 치열할 수밖에 없었다.

"우주에 직선은 존재하지 않는다"

나는 아트센터에서 공부하는 동안 많은 사람들을 만났다. 하지만 그중 가장 소중한 경험은 바로 루이지 꼴라니와의 만남이었다. 그는 독일 출신의 디자이너로, 당시 운송기기 분야를 포함해 다양한 분야에서 미국의 시드 미드와 더불어 최고의 명성을 얻고 있었다. 그는 자신이 디자인한 차와 비행기의 모델을 전부 가져와 전시와 함께 세미나를 열었다. 벤츠사를 위해 디자인한 실제 크기의 미래형 트럭 모델과 스포츠카를 포함해 대부분이 실제 크기로 전시되어 규모가 상당히 컸다. 자연과 인체의 모양에서 모티브를 따 공기역학에 큰 비중을 둔 그의 디자인은 당시 나에게 신선하고도 커다란 충격으로 다가왔다.

아름다움과 공기역학, 인간 공학에 근본을 둔 그의 디자인은 창의적이고 미래지향적이며 아름다웠다. 그는 인체의 모양과 구조를 적용하는 디자인을 기본으로 하였고, 현미경을 통해 보는 세포들의 아름다운 구조와 색채를 많이 이용하였다. 자연을 기본으로 하는 디자인, 즉 바이오미미크리 디자인biomimicry design의 진수를 보여 주었다. 그는 세미나 내내 "우주에 직선은 존재하지 않는다."라고 주장했다. 실제로 그의 디자인에는 직선 요소가 거의 없고 곡선과 곡면의 조합으로 오가닉organic한 형태를 이루고 있다. 그의 디자인은 결과물을 보자면 아름답지만, 생산하는 데는 많은 비용과 디자인 수정이 필요해 보였다. 특히 대량생산을 하기 위해서는 많은 수정과 조율이 필요했기 때문에 그의 디자인은 미래의 제품을 제시하는 콘셉트 디자인으로 각광받았다.

콧수염이 트레이드 마크인 그는 유럽 악센트의 영어로 자신의 디자인과 디자인 철학에 대해 열정적으로 강의했다.

"지구는 '둥글다.' 그리고 모든 천체도 '둥글다.' 그것들은 '원형 혹은 타원형'의 궤도를 따라 돌고 있다. 이들과 똑같이 '둥근' 구의 모양을 하고 각각 다른 것의 주변을 돌고 있는 작은 세계들은 우리를 따라 소우주를 이룬다. 심지어 인간도 종족 번식이라는 '순환' 법칙에 의해 탄생한다. 그런데 왜 우리는 이런 법칙에서 벗어나 모든 것들을 '각 지게' 만들려는 군중들에 동참하려 하는가? 나만큼은 '나의 세계도 둥글다'고 했던 갈릴레오 갈릴레이의 철학을 추구해 갈 것이다."

당시 받았던 그의 사인은 홍수로 인해 없어졌지만 그의 강의는 나의 초기 디자인 방향에 커다란 영향을 줬다. 그래서 나의 초기 강의 결과물들은 오가닉한 방향의 디자인 작품이 많았다.

대우그룹 부회장급 대우를 받다

미국에서 돌아온 나는 우여곡절 끝에 도쿄 모터쇼에 전시할 콘셉트카 디자인 팀장이 되었고 차기 실장으로 내정되었다. 그러나 기존 실장과의 갈등, 다른 직원과의 불화로 회사에 사표를 내고 말았다. 그동안 나를 키워준 회사였지만 디자인이 아닌 회사의 복잡한 이해관계와 암투에 얽히는 게 싫었다. 디자이너로서의 역할에 충실할 수 없는 위치와 상황도 싫었다. 회사를 그만두겠다고 하자, 디자인을 배우겠다고 했을 때처럼 주변 사람들 모두가 만류했다. 미친 짓이라는 소리도 많이 들었지만 나는 개의치 않았다. 그렇게 7년간의 '기아자동차 디자이너'의 삶은 허무하게 끝났다.

사표가 수리되지 않아 힘든 시간을 보내고 있을 때, 마침 신문에 현대자동차에서 경력 디자이너 채용 공고가 났다. 현대는 다른 회사에 근무했던 디자이너를 뽑지 않는 분위기였는데도, 나는 당당하게 선임 디자이너 직급을 요구한 상태였다. 그런데 현대의 면접을 며칠 앞두고 대우자동차에서 스카우트 제의가 들어왔다. 대우의 조건은 참으로 파격적이었다. 서울에 자동차 디자인센터를 세울 예정인데, 그곳의 책임자로 와 달라고 했다. 그들은 기존 급여의 다섯 배에 자동차까지 제시했다. 월급으로만 보면 대우그룹 부회장급인 셈이었다. 그들은 집요하게 나에게 접근했다. 난감하기 짝이 없었다. 기업은 탄탄하지만 근무지가 울산이라 서울에서 멀리 떨어져 있는 현대와, 기업문화는 나와 맞지 않지만 서울에 위치한 근무지와 최고의 조건을 제시한 대우. 대우가 나에게 그만큼의 조건을 제시한 데는 그 이상의 것을 빼내겠다는 손익계산이 있었을 것이다. 내가 가진 것을 모두 쏟아 어디까지 갈 수 있을지, 나는 고민 끝에 모험의 길을 선택하기로 했다.

대우에 입사를 결심한 후, 그들이 나를 처음 데리고 간 곳은 지금의 당산역 근처에 있던 옛 중동 파견 근로자 훈련소였다. 입구에 들어서자 옛날의 영광은 간데없고 폐허만이 우리를 반겼다. 운동장에는 잡초가 무성했고 여기저기 흩어져 있는 건물들은 전쟁 후 폐가와 다름없었다. 안에 들어가 보니 수십 년간 방치된 시설이 먼지와 거미줄로 뒤덮여 있었고 슬레이트 천장에 뚫린 구멍 사이로 햇빛이 들어오고 있었다. 기가 막히고 코가 막힌다는 말을 실감했다.

나의 임무는 3개월 안에 이곳에 자동차 디자인실을 짓고, 동시에 당시 출시 예정에 있던 '티코'의 다음 모델을 진행하는 것이었다. 예상하지 못한 것은 아니었지만 도를 넘어도 한참 넘는 요구였다. 한마디로 '맨땅에 헤딩

하라'는 임무를 받은 셈이다. 자동차 쪽에 근무한 경험이 있는 사람은 알겠지만, 이 요구는 누가 생각해도 불가능한 일이었다. 디자인실에는 필수로 모델 제작실이 있어야 하는데 그 설비와 장비를 구입하고 설치하는 데만 해도 최소 6개월 이상은 걸리기 때문이다. 또 하나의 '미친 도전'이 시작되는 순간이었다.

권력 맛을 보다

나는 김우중 회장과 기조실의 전폭적인 지원을 받아 그 문제들을 해결해 나갔다. 김 회장은 다른 사장들에게는 반말과 명령조로 대했지만, 나에게는 '선생님'이라는 호칭과 함께 존댓말을 써 주었다. 그는 기조실장과 전무에게 나를 소개하면서 내가 요구하는 모든 것은 회장인 자신의 지시와 동일하게 생각하고 지원하라고 했다. 당시에는 대우 기조실장의 권한이 사장들 중에 가장 컸다. 기조실 전무와 대우 그룹 총무부장을 주축으로 지금은 고인이 된 당시 대우건설 이사 등 김우중 회장의 최측근들이 전폭적인 지원자로서 임무 수행을 도왔다. 나는 그것을 진행하면서 같이 일할 디자이너와 모델러*도 스카우트해야 했는데, 다행히 기아에 있을 때 나를 전

---

* modeler. 자동차 모델을 입체적으로 형상화하는 사람.

적으로 믿고 따르던 디자이너와 모델러들이 있어 짧은 기간 안에 팀을 꾸릴 수 있었다. 물론 그들도 최고의 대우로 초빙했다. 오히려 나에게 연락을 받지 못한 친구들은 몹시 부러워하며 연락이 오기를 갈망했다고 한다.

살면서 그때만큼 권력의 힘을 실감한 적이 없었다. 나는 일개 디자이너가 아닌가. 하지만 회장의 후광을 짊어진 나의 권한에는 제한이 없었다. 좋은 주변 환경은 디자이너가 일하는 데 중요한 요소라고 하자, 김 회장은 최고의 시설과 환경을 조성해 주겠다고 약속했다. 그는 담당자들을 현장에 불러, 기조실에서 한 말을 되뇌었다.

"진 선생님께서 요구하는 것은 나의 지시라 생각하고 동일하게 처리하라."

기조실 전무와 총무부장이 아침마다 찾아와 90도로 인사하며 필요한 것은 없는지 물었다. 그에 대한 내 대답은 우렁각시가 밤새 남편을 위해 준비하듯이, 다음 날이면 그대로 시행이 되었다. 건물과 건물 사이에 전깃줄이 연결되어 보기 싫다고 했더니 순식간에 지중매설을 해주었다. 밖의 공터가 흙바닥이라서 비나 눈이 오면 여간 지저분한 게 아니라고 해결해 달라 했더니 2,000평이 됨직한 곳에 시중 가격의 3배를 주고 구입한 시멘트를 깔고 불철주야로 잔디와 조경수를 심어 주었다.

가장 큰 문제는 모델실에 설치해야 하는 정반surface plate과 측정기였다. 전부 일본 제품을 사용하고 있었는데, 가격도 가격이지만 물건을 들여와 설치하는 데도 많은 시간이 걸렸다. 정반은 바닥의 수평이 유지되지 않으면 무용지물인 데다가 몇 천 킬로그램의 무게를 지탱하며 오랜 기간 동안 작업을 할 수 있어야 하는 설비이다. 따라서 설치 및 보수와 정확한 세팅을 유지하기 위한 기초공사도 보통 일이 아니었다. 측정기 역시 고도의 정밀성을 유지해야 하는 고가의 기계인 데다, 주문 후에도 상당한 시간을 기다려야 한다. 이런 불가능해 보이는 일들이 결국은 3개월 만에 모두 가능해졌다. '권력은 날아가는 새를 떨어뜨린다'는 말이 어떤 의미인지 눈앞에서 확인한 것이다. 그런 파격적인 대우와 지원을 받았으니 이제 내가 보여줄 차례였다. 나는 거의 3개월간 밤낮을 가리지 않고 일해야 했다.

옳다고 생각하는 것은 꼭 지켜라

김우중 회장은 모든 대우그룹의 디자인실을 한곳으로 통합하여 운영하고자 구상하고 있었다. 우선 부평에 있는 대우자동차 디자인실, 창원의 대우국민차 디자인실, 서울역 앞 대우빌딩 안에 위치한 대우전자 디자인실을 통합하여 명실상부 '대우 디자인센터'를 운영하려는 발상이었다. 하지만 당시 상황으로는 정말 터무니없는 생각이었다. 디자인실을 각각의 연구소 및 생산 공장과 멀리 떨어뜨려 두는 것은 업무상 매우 비효율적이고 불편하기 때문이다.

그렇게 되면 대우자동차의 경우에는 한 번 회의를 하기 위해 디자이너가 부평으로 가든지 공장 측에서 서울로 와야 한다. 대우국민차는 더욱 심각해진다. 회의를 할 때마다 누군가는 공장이 있는 창원으로 내려가거나 창원에서 서울로 올라와야 한다는 말이 된다. 실제로 내가 대우국민차와 일할 때는, 한 달에 10번 이상을 당일 비행기를 타고 오가는 경우가 다반사였다. 아침 첫 비행기에 택시까지 타고 가서 회의를 하고 당일 마지막 비행기를 타고 다시 서울로 와야 하는, 엄청난 비용과 시간을 낭비하는 상황이 벌어지는 셈이다.

그러나 김 회장은 자신의 계획을 밀어붙였다. 나는 그것에 정면으로 대항했다. 옳지 않다고 판단했기 때문이다. 희생이 너무 크고 비효율적이라 생각했고 이 논리를 기준으로 반대 의견을 내놓았다. 당시 나는 기조실에서 대우국민차로 소속이 변경되고 창원에서 준비 중인 '티코'의 업그레이드 및 디자인 개선을 위해서 투입된 상태였다. 당시 두 명의 디자이너와 여러 명의 모델러를 기아에서 스카우트해 왔다. 그러다 보니 창원 연구소에서는 우리를 창원에 정착시키기 위해 연구소 내에 디자인실을 꾸미고 있었다. 나는 그쪽과 더 가깝게 일하고 있었고 신뢰를 쌓아 가는 중이었다. 결과적으로 대우국민차 디자인 실장으로서 일하고 있었던 셈이다.

하지만 이것은 회장의 계획과 배치되는 일이었다. 김 회장은 대우자동차의 프로젝트도 같이 진행하라고 지시했다. 참으로 힘든 상황이었다. 결국은 대우국민차 소속이면서 대우자동차의 프로젝트까지 같이 해야 하는 난감한 상황에 놓이고 말았다. 게다가 그 사이에 한 여교수가 끼어 있었다. 그녀는 창원에서 진행하는 디자인실 계획을 수포로 돌리려고 했고, 나와 대우그룹 부회장 그리고 대우국민차 연구소장은 김 회장과 여교수가 진행하는 계획에 강하게 반발하며 적극적으로 반대 의사를 표시했다. 그 결과, 나와 대우국민차 연구소장은 대우자동차로 발령을 받았다. 나는 실장급에서 선임연구원으로 강등되었고, 전무였던 연구소장은 상무인 대우연구소소장 밑으로 들어가게 되었다. 나머지 디자이너와 모델러는 새로운 디자인팀으로 이름만 바꾸고 그 자리에 그대로 두었다. 일개 직원이 회장의 뜻을 거스른 것에 대한 보복성 인사였다.

회사라는 조직이 그런 것이다. 내가 만약 회장의 의견에 토를 달지 않고 현실에 영합했다면 세상이 말하는 '큰 출세'를 했을지도 모른다. 하지만 나는 디자이너로서 디자인실과 연구소 생산 공장은 긴밀히 연결되어 있어야 한다고 생각하며, 그것이 업무에 효율을 가져온다고 믿는다. 나는 내가 옳지 않다고 믿는 것을 좇고 싶지 않았다. 김 회장은 기어이 대우의 디자인실을 서울로 옮겼다. 나는 다시 서울로 돌아왔지만 상황은 아주 달라져 있었다. 그 여교수가 서울 디자인실의 실질적 책임자로 있었기 때문에 시련을 겪을 수밖에 없었던 것이다. 그녀는 커다란 사무실에 자리만 내주고 일은 주지 않았다. 그러나 나는 결코 숙이고 들어가지 않았다. 그리고 내가 목표했던 대로 대학원에 진학하고 대학 강의를 시작했다.

결국 '예'가 아닌 '아니오'를 택한 나는, 4년 만에 사표를 내고 대우에서의 회사 생활을 끝냈다. 그렇게 나는 회사가 아닌 대학으로 출근했으며 궁극적으로는 미국행을 택하게 되었다. 돌이켜 보면 나를 고용한 기업 회장의 지시를 제대로 수행하지 않고 자신만의 소신을 내세운 것은 디자이너로서의 객기가 아닌가 싶다. 그것은 프로답지 못한 행동이었으며 어리석은 결정이라는 생각이 드는 것도 사실이다.

그러나 나는 후회하지는 않는다. 살아가면서 디자이너로서, 혹은 인간으로서 옳다고 생각하는 것을 지켜 나가는 소신은 꼭 필요한 법이다. 이런 경험은 훗날 또 다른 도전을 하는 나에게 힘이 되어 주었다.

세 계 를 휩 쓴 제 자 들 의 **공 모 전 수 상 작**

'범생이'도 멋진 디자이너가 될 수 있다

아트센터에서의 치열한 경쟁과 배움은 늘 새로운 것을 시도하게 했다. 남들보다 앞서기 위해서는 더 좋은 디자인 아이디어가 필요했기 때문이다. 그래서인지 디자이너라고 하면 다들 창의성이 넘치는 줄 알지만 모두 그런 것은 아니다.

'일렉트로룩스 가전제품 디자인 공모전'에 참가한 매튜는 디자인이 아닌 지리학을 전공하고 평화봉사단에서 오랫동안 활동한 특이한 이력을 가진 디자인 대학원생이었다. 그는 코넬대 출신이고 매우 논리적이었지만 창의성과 스타일링 감각은 그리 좋지 않았다.

그가 참가한 이 공모전은 전 세계 디자인 전공 학생들이 관심 있게 참여하는 수준 높은 공모전이었다. 특히 일렉트로룩스는 주방공간을 효율적으

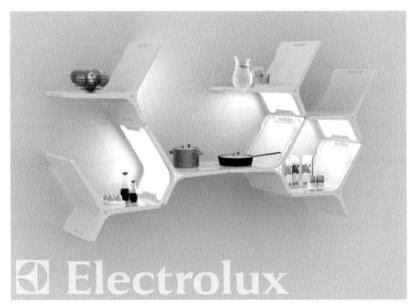

2010 일렉트로룩스 가전제품 디자인 공모전(Designed By Mathew Gilbride)
벌집에서 아이디어를 얻어 주방 공간을 최대한 활용할 수 있도록 디자인한 작품

로 사용할 수 있도록 혁신적인 가전제품 디자인을 원했다. 또한 간결하면서 고품격의 유럽 스타일 디자인을 지향하고 있다.

상식에서 벗어나는 것을 받아들이지 못하는 성격의 매튜는 이 공모전을 힘들어했고, 형식적인 제안을 소화하지 못했다. 그의 의식과 감각을 더 창의적으로 바꾸기 위해 나는 많은 것을 증명해 보여야 했다. 그와의 공모전은 진행이 더디고 어려웠다. 하지만 그가 한 번 뜻을 이해하고 난 후에는 가속이 붙었다. 모듈러modular 아이디어를 벌집 모양에서 가져와 신기술을 접목시켜 완성했다. 수차례 변신을 거듭한 끝에 주방 공간의 활용을 극대화시킬 수 있는 결과물을 얻었다. 매우 만족스러웠고 혁신적인 디자인이었다.

매튜는 8,000명이 넘는 참가자 중 각 대륙을 대표하는 8명의 최종 파이널리스트에 선발되어 심사위원들 앞에서 프레젠테이션을 했고, 최종 심사 결과 3위로 입상하였다. 1, 2위 수상작의 내용으로 봤을 때 매우 아쉬움이 남는 결과였지만 디자인을 시작한 지 세 학기 만에 거둔 최상의 성과였다. 가장 기뻤던 것은 타 학교 학생들을 모두 제치고 미국 대표로 선정되었다는 점이다. 이 공모전을 통해 앞뒤가 꽉 막힌 것 같은 '범생이'도 디자이너로 키울 수 있다는 값진 자심감을 얻었다.

매튜는 현재 JLG라는 중장비 회사 디자이너로 근무하고 있다.

CHAPTER

4

Crazy, 미친 생각에 미쳐라.

Creative, 미친 생각을 창조적인 발상으로 바꿔라.

Innovative, 그 발상을 혁신적인 제품으로 만들어라.

Culture, 그것이 새로운 문화가 된다.

디 자 인 으 로   세 상 과   소 통 하 라

멋있게, 좋게, 잘

"디자인을 한마디로 정의하자면, 무엇입니까?"

나는 이 질문을 지금까지 꽤 많이 받아왔다. 비슷한 질문을 받은 적이 있는 사람이라면 알겠지만, 특히 디자인을 한마디로 요약하기는 쉽지 않다. 디자인이라는 용어 자체가 광범위한 스펙트럼을 가지고 있는 데다 지금도 계속해서 진화하기 때문이다.

디자인에는 그래픽 디자인, 제품 디자인, 운송 디자인, 가구 디자인, 게임 디자인, 애니메이션 디자인, 광고 디자인, 웹 디자인 등 산업디자인 분야와 조경 디자인, 인테리어 디자인, 조명 디자인, 무대 디자인, 환경 디자인, 디스플레이 디자인 등 건축과 관련된 디자인 분야 그리고 도자기 디자인, 금속공예 디자인, 목공예 디자인, 보석 디자인 등의 공예 디자인 분야가 있으며 그 종류는 나날이 다양해지고 있다.

에코 디자인Eco-Design, 그린 디자인Green Design, 리사이클 디자인Recycle Design, 서스테이너블 디자인Sustainable Design 등 자연을 보존하는 데 관점을 맞춘 디자인이 있는가 하면 나라 전체를 새롭게 하는 디자인, 새로운 제품을 제시하는 디자인, 기존의 제품을 개선시키는 디자인, 이슈를 만드는 디자인, 트렌드를 따라가는 디자인, 실용성을 강조하는 디자인, 클라이언트가 원하는 디자인, 콘셉트 디자인, 저가 디자인 등 디자인 개발의 방향성 또한 다양하기 때문에 디자인을 쉽게 정의 내리기는 어렵다. 한마디로 정리하기에는 각 디자인 프로젝트마다 특성과 과정이 많이 다르다.

더군다나 최근에는 디자인 퍼스트Design First 니, 비즈니스와의 융합 디자인이니 하며 디자인의 개념이 더욱 넓어지며 변화하고 있다. 현재는 감성 디자인Emotional Design, 유저 인터페이스 디자인User Interface Design, 인터렉션 디자인Interaction Design, 유저 익스페리언스 디자인User Experience Design 등이 주목을 받고 있다. 이렇게 다양하고 광범위한 디자인을 어떻게 한마디로 정의할 수 있겠는가. 그러므로 디자인을 한마디로 정의하기보다는 먼저 디자인이 내포하고 있는 다양함을 이해하는 것이 중요하다.

그래도 "그래서 디자인을 한마디로 정의하자면, 무엇입니까?"라고 묻는다면, 내게 디자인이란 '무엇이든 기존에 있는 것보다 멋있게, 좋게, 잘 만들 수 있게 하는 일'이라고 말하고 싶다. '멋있게'와 '좋게' 그리고 '잘'에 디자인의 모든 요소가 함축되어 있다고 생각한다. '멋있게'라는 말은 외형적 아름다움에 국한되는 것이 아니다. 새로운 트렌드를 창출하여 유행과 문화를 창조하고, 감성적 의미를 전달할 수 있는 역할까지 포함한 광범위한 뜻을 가진다.

나는 그중에서도 디자인을 배우는 학생에게 '멋있게'를 제일 강조한다. 새로운 제품 계획, 혁신적인 아이디어, 신기술, 신소재, 뛰어난 발명, 새로운 제조 방법, 획기적인 마케팅 등은 디자이너가 아닌 사람도 얼마든지 생각해 낼 수 있다. 그러나 그 모든 사람들이 디자이너가 될 수 없는 이유는 '그 생각을 적용하여 멋있게 만들 수 없기' 때문이다. 멋있게 만들기 위해서는 기존의 생각과 차별화해야 하는 것은 물론이고 기존의 제품보다 업그레이드해야 한다. 그러므로 디자이너에게는 여러 가지 다른 요소를 통합하여 꿰뚫을 수 있는 직관력과 표현력이 필요하다.

'좋게'란 단어는 신기술이나 신소재의 적용, 편리한 사용, 내구성, 새로운 용도, 복합 기능성, 좋은 재질, 운반과 보관의 편리성 등 여러 가지 의미를 내포한다. 디자인을 통해 제품의 용도(혹은 의미)를 잘 담아낼 수 있도록 향상된 기능을 적용해야 하며 사용자가 쓰는 데 편리함을 느낄 수 있어야 한다는 말이다. 새로운 제품을 제시하는 것도 '좋게' 만드는 디자인이다.

'잘'이란 단어는 쉽게, 싸게, 생산하기 용이하게, 빨리 등의 개념을 담고 있다. 디자인을 잘해야 한다는 말은, 그 디자인을 보고 제작하는 사람이 잘 만들 수 있게 해 줘야 한다는 뜻이다. 설계 부서와 제조 부서에서 디자인을 소화할 수 없다면 대량생산이 불가능하고, 그렇다면 그것은 잘한 디자인 이라고 할 수 없다.

이같이 '멋있게, 좋게, 잘' 만들 수 있게 하는 것이란 매우 서민적이고 쉬운 표현이지만 지극히 심오하고 철학적인 내용을 함축하고 있다. 이 조건을 갖춘 디자인의 결과는 기존 제품과 차별화된 새로운 시장을 형성하거나 문화를 창조할 수 있는 바탕이 되는 것이다.

C.C.I.C. 미친 생각에서 새로운 문화로

Crazy, 미친 생각에 미쳐라.

Creative, 미친 생각을 창조적인 발상으로 바꿔라.

Innovative, 그 발상을 혁신적인 제품으로 만들어라.

Culture, 그것이 새로운 문화가 된다.

한마디로 요약하면 '미친 생각이 새로운 문화를 창출한다.' 나는 이 가치관을 줄여서 C.C.I.C.라고 부른다. 디자인이 '멋있게, 좋게, 잘' 만들기 위한 작업이라면, C.C.I.C.는 그런 디자인 작업을 해 나가는 데 있어서 가장 중요한 사고방식이자 지향해야 할 마인드이다. 그리고 내가 생각하는 디자인 교육의 궁극적인 목표이기도 하다.

남들이 비웃는 미친 생각이 문화 창출로 이어지는 결과를 얻기 위해서는 그 중간 과정도 중요하다. 미친 생각이 창의적인 생각으로 바뀔 수 있는지 그 가능성을 볼 줄 알아야 하고, 창의적인 생각을 실제 제품에 적용할 수 있는 실력이 있어야 한다. 세세하게 모든 면을 고려하고 가능케 하는 끈기와 집념 그리고 마무리 기술도 필요하다.

Be Crazy, 미쳐라

사람을 보고 미쳤다고 할 때는 대부분 실성한 경우를 뜻한다. 쉽게 얘기하면 제정신이 아닌 상태, 자기가 무엇을 하는지 자각을 못하거나 스스로를 컨트롤하지 못하는 상태를 말한다. 또한 미쳤다는 말은 어떤 것에 완전히 몰입한 상태를 의미하기도 한다.

나는 '미쳤다'는 말에 한 가지 의미를 더 추가하고 싶다. 제정신을 가진 상태에서 생각하기 힘든 것을 제정신인 상태에서 생각해 내는 것. 내가 앞서 말한 '미쳤다'란 바로 이런 의미이다. 좋은 디자이너가 되기 위해서는 최소한 두 번째와 세 번째 의미의 '미친 짓'을 해야 한다. 디자인하는 데에 미쳐 있어야 하고, 남들이 생각하지 못하는 것을 생각해야 하는 '미침'도 겸비해야 한다.

유심히 살펴보면 한국에서 태어나 세계를 놀라게 한 사람들 중에는 어려서부터 열심히 그 길을 준비한 사람보다는 어느 날 갑자기 빠져든 사람들이 많다. 한글을 패션 디자인에 활용하여 세계적인 명성을 얻은 디자이너가 그렇고, 새롭고 신선한 광고 디자인으로 주목을 받은 경우도 그렇다. 또 친구 따라 오디션을 봤다가, 오랫동안 준비한 친구는 떨어지고 그 길을 생각해 본 적이 없는 사람이 합격하여 커리어를 시작했다는 이야기도 심심치 않게 들린다.

혹자는 이렇게도 이야기한다. 좋은 디자이너가 되기 위해서는 젊었을 때 실컷 놀아 보는 경험이 중요하다고. 나도 그것이 일리 있는 말이라고 생각한다. 공부를 잘했던 사람보다 실컷 잘 놀았던 사람이 뛰어난 디자이너가 되는 데 유리할 수 있다. 놀아도 어설프게 노는 것은 별 도움이 되지 않는다. 미친 듯이, 잘 놀아야 한다. 속된 말로 노는 것에 꽂혀 있어야 한다.

솜씨가 있다거나 맵시가 있다, 수완이 좋다, 눈썰미가 좋다, 손재주가 좋다…… 이런 말에는 공통점이 있다. 모두 그 부분에 관해서는 머리가 팽팽잘 돌아간다는 의미를 담고 있다는 점이 그것이다. 공부를 안 하든 혹은 못하든, 교육의 혜택을 많이 받았든 받지 않았든, 그것은 상관없다. 이런 말을 듣는 사람들은 머리는 잘 돌아가는데 우등생과는 거리가 먼 경우가 많다. 자신이 좋아하는 것에만 몰두하기 때문이다. 무엇인가에 몰두해 있다는 말은 그것을 열심히 하고 있다는 뜻이며, 많은 시간을 자신이 잘하고 좋아하는 것을 위해 쓰고 있다는 뜻이다. 한마디로 미쳐 있는 것이다. 이러한습관은 뛰어난 디자이너가 되기 위해 꼭 필요한 요소이다.

나는 수업 중에 'Be crazy'를 강조한다. 내 수업을 듣는 순간에는 '미친놈'이 되라는 것이다. 콘셉트를 잡을 때나 아이디어를 생각할 때는 물론이고 리서치를 할 때도 마찬가지이다. 누구든 내 수업 시간에 대중적이고 상식적이고 보편타당하며 당연한 것을 가지고 오면 살아남을 수 없다.

시작 단계에서는 모든 것에 촉각을 곤두세우고 기존의 것과 반대되는 요소를 떠올리거나 찾아내려는 노력이 있어야 한다. 기존의 제품을 분석할 때도 무조건 깊이 혹은 자세히 하는 것이 아니라, 보이고 느끼는 대로받아들여야 한다. 모든 상품을 자세하게 조사하고 분석해서 디자인 방향이나 제품의 방향을 정하는 것이 아니라 그것과 차별화될 수 있는, 예상치못한 방향을 제시하기 위해서다. 이런 것은 좋고 저런 것은 좋지 않다는 결론에 필요 이상으로 깊이 치우치면 기존 제품의 좋은 점이 뇌리에 남아 향후 디자인을 발전시키는 과정에 영향을 끼친다. 그러면 미친 생각은커녕 오히려 자신만의 독창성도 유지하지 못하게 된다. 그러므로 자신이 앞으로 진행할 것과 겹치는 상황을 방지하기 위해, 현재 시장에 어떤 제품이 나와 있는지만 알고 시작하는 것이 때로는 훨씬 유리하다.

다시 돌아가서, 기존의 것과 다르게 만들기 위해 반대로 생각하는 것 자체가 '미친 생각'의 시작점이다. 생각의 틀을 부수지 못한다면, 상식적으로는 이해할 수 없는 방향으로 생각을 펼쳐 보라. 일반적인 브레인스토밍은 새로운 가능성을 찾기 위해 모든 것을 펼쳐 놓은 후 그 범위를 좁혀 간다. 반면 생각의 틀을 부수려면 어떤 것이 보다 엉뚱하고 이상하고 말이 안 되는가를 염두에 두고 펼쳐 나간 후, 그중에서 정말 불가능한 것을 설정하여 가능한 방향으로 발전시켜 나가야 한다. 여기까지는 정상이라는 단어를 내려놓고 다르게 생각해야 하는 과정이다.

사실 디자인 발상에는 수십 가지 이상의 접근 방법이 있지만 그것을 모두 종합한다면 한 마디로 '미친'으로 요약할 수 있다.

Be Creative, 창의적인 발상으로 바꿔라

'미친 생각'이 생각에서 멈춘다면 그것은 첫 번째 의미의 미쳤다와 다를 바가 없다. 중요한 것은 Crazy의 C를 Creative의 C로 바꾸는 과정이다.

창의적이란 말을 없는 것에서 새로운 것을 만든다는 창조적인 의미로 오해하는 경우가 많이 있다. 하지만 창의란, 이미 존재하는 것에서 새로운 변화를 만들어 내는 것이라고 생각한다.

하늘에서 뚝 떨어지는 것이 아니라, 기존에 있는 것을 기반으로 새롭게 해석하거나 적용시키는 행위가 창의이다. 그러므로 창의적인 아이디어를 얻기 위해 기도할(?) 필요는 없다. 자신의 다양한 경험을 토대로 효과적인 자료 조사와, 그것들을 응용하는 능력을 구비하면 된다.

미친 생각에서 얻은 아이디어를 창의적인 것으로 바꾸기 위해서는 디자인 과정 전체를 복기하면서 새로운 개념으로 전환시켜 보아야 한다.

예컨대 우리가 살고 있는 도시에서 일상을 살면서 자연과 동화되어 산다는 느낌을 받기는 쉽지 않다. 이때 "집에서 자연을 느끼며 살 수는 없을까?"라는 엉뚱한(혹은 미친) 생각이 들었다면, 그것을 구체화시킬 이런저런 방법을 강구해 보아야 한다. 일반적으로 '벽을 허물어 자연과 직접 교감을 할까', '집 안에 나무와 화초를 심어 볼까' 등 보편적인 방법부터 생각한다. 그러다 '만약 자연과 정반대 개념에 서 있는 전자 제품을 이용해서 인간과 자연과의 교감을 이루게 하면 어떨까?'라는 상식을 뒤엎는 개념을 도입한다. 대비를 적용하는 것이다. 차가운 전자 제품을 통해 멀어졌던 인간과 자연을 교감시키는 따뜻한 제품 개발을 콘셉트로 잡을 수 있다. 그 후에는 이것을 구체화시킬 수 있는 아이디어는 무엇이 있을까, 어떤 제품을 통해 어떻게 이 콘셉트를 실현시킬 수 있을까에 대해 구체적으로 아이디어를 내는 것이다.

벽이라는 것에 집중하여 생각을 전개할 수도 있다. 인간들은 벽에 의해 자연과 단절되어 있다. 거친 자연으로부터 벽이 인간을 보호해 준다고 느끼며 오래도록 살아왔다. 추운 날씨와 비바람으로부터 또는 짐승이나 위험한 인간으로부터 우리를 보호한다고 인식하고 불편함 없이 살아온 것이다. 관점을 달리해 '창'을 보자. 창은 자연과 단절하는 벽의 일부이면서, 자연이 보이도록 만들어졌다. 바로 그 창을 자연과 구분된 채 살고 있는 인간의 메마른 정서를 회복시키는 메신저로 이용해 보면 어떨까. 예를 들어, 우리는 창밖의 풍경을 보면서 가장 먼저 계절과 기상의 변화를 느낀다. 이 경우 매일 시시때때로 달라지는 이러한 변화를 인간이 느끼고 인지하게끔 디자인하는 콘셉트로 진행할 수 있을 것이다.

Be Innovative, 혁신적인 제품으로 만들어 내라

미친 생각을 창의적인 개념으로 전환했다면 다음으로 그 개념을 실제 제품에 적용 가능한 디자인으로 표현하는 과정이 필요하다. 디자인을 더욱 구체화하여 혁신적인 제품으로 탄생시키는 것이다. 창의적인 개념을 구현하려면 새로운 재료, 신기술, 제품 생산 기술, 공학적 문제 해결, 새로운 인터페이스 등의 적용이 필요한 경우가 많다. 아무리 좋은 아이디어라도 그것을 생산할 수 없다면 상상이나 꿈으로 끝날 수밖에 없으며, 이는 결코 혁신이라는 단어로 표현할 수 없다.

앞서 이야기했던 자연과 인간을 연결시켜 주는 센서의 개념을 실현하기 위해서는 제품을 구체적으로 디자인하는 작업이 진행되어야 한다. 창에 붙이는 기후 감지 센서를 이용해 파악된 기후 변화 정보를 음악으로 바꾸어 표현해 주는 제품으로 구체화한다. 예를 들어 밖에 비가 올 경우, 감지된 정보를 설정한 음악으로 소비자에게 전달하는 제품이다. 알람 시계 라디오, MP3 플레이어나 휴대폰 등과 무선으로 연동시켜 아침에 일어날 때 바깥의 자연현상을 음악으로 느낄 수 있도록 하는 것이다.

이런 식으로 '전자 제품을 통해 자연을 집 안으로 들여온다'는 콘셉트를 제품으로 실현시킨다. 이 디자인을 제품화하기 위해서는 유리에 부착할 수 있는 투명 재질의 접착 부위와 꽃 모양의 센서, 감지한 기후 정보를 무선으로 전송할 수 있는 기술이 필요하다. 말은 쉽지만 실제로 제품이 되려면 많은 시행착오와 개선 작업을 거쳐야 비로소 시장에 소개된다.

이렇게 미친 생각과 창의적 아이디어에 적용 가능한 신기술이나 신소재를 접목시켜 새롭고 혁신적인 결과물로 이끌어 내려면 지극히 정상적인 디자인 개발 프로세스와도 잘 접목이 돼야 한다. 하지만 신기술과 신소재를 적용할 때도 다른 사람들은 생각할 수 없는 방식으로 새롭게 시도해 보는 것이 중요하다. 이러한 시도는 신제품을 개발할 때 접근할 수 있는 방법이다. 이후 얼마간은 그 신제품의 브랜드 특성을 유지하면서도 새롭게 하는 범위 안에서 기존 디자인 개발 방법이 적용되어야 한다. 브랜드를 잘 유지하고 발전시켜야 회사가 지속적으로 높은 수익을 창출할 수 있기 때문이다.

엉뚱하고 미친 아이디어를 내는 것도 쉬운 일은 아니지만 더욱 어려운 것은 '그 아이디어를 어떻게 바른 디자인 방향으로 전개시키느냐.'이다. 디자인 경험이 없는 학생일 경우, 무엇이 정상이고 무엇이 미친 생각인지를 구분하기조차 어렵다. 이런 학생은 아이디어를 제대로 선별하여 혁신적인 방향으로 유도하고 발전시키는 데는 무리가 있다. 따라서 초기에는 교수의 도움으로 방향을 잡아가게 되는데, 여기서 교수의 역량이 발휘된다. 작업을 시작하면서 그 디자인의 결과까지 예측할 수 있어야 미친 생각을 혁신적인 방향으로 발전시키기 위한 지도가 가능하기 때문이다. 결과를 예측할 수 없다면 학생에게 어떻게 정확한 방향을 제시해 줄 수 있겠는가? 이를 위해 중요한 것을 몇 가지만 짚어 보겠다.

우선 실무 경력이 중요하다. 전체를 조망할 수 있고, 문제점을 비교적 정확하게 알 수 있기 때문이다. 경력이 있다면 그만큼 지도하기 편하다.

두 번째로 그해의 세계 유망 직종을 알아야 한다. 이를 조사하고 발표하는 기관은 많은 분야의 정보와 데이터를 기본으로 세상이 앞으로 어떻게 변해 갈 것인지 예측해서 선별한다. 이는 디자인 방향 설정에 매우 큰 도움이 된다. 그리고 중요 트렌드를 소개하는 기사나 정보를 빼놓지 않고 숙지하고 있어야 한다. 그런 류의 기사는 현재를 분석하고 여러 분야를 통합해서 트렌드를 제시하기 때문에 유행의 흐름을 파악하는 데 용이하다.

세 번째, 신기술과 신소재에 대한 빠른 판단도 필요하다. 신기술과 신소재는 기존에 생산할 수 없었던 것을 만들어 내고 시간을 단축시키는 등 새로운 디자인 탄생에 결정적인 역할을 한다. 수없이 쏟아지는 신기술 속에서 빠른 시간 내에 생산에 적용할 수 있는 것을 잘 분별해야 한다.

네 번째는 사람들의 폭넓고 다양한 삶에 대한 깊이 있는 이해이다. 어쩌면 이것이 가장 실질적이고 중요한 부분일 것이다. 신문과 드라마, 책 그리고 인터넷 등을 잘 활용하면 도움을 받을 수 있다. 물론 시간이 허락되면 직접 경험하는 것이 제일 좋겠지만 현실적으로 많은 어려움이 있다고 봐야 한다. 이때 독서만큼 도움이 되는 것도 없다. 다양한 분야에서 심도 있는 간접 경험을 할 수 있고, 이러한 지식은 디자인 작업은 물론 인생에서도 매우 중요한 역할을 한다.

나는 동서양의 고전은 물론이고 특히 사물의 근본을 자세하게 설명하는 책을 많이 읽었다. 우주의 생성 과정, 진화 그리고 수의 개념, 인체의 신비, 빛의 정의, 상대성 원리 등 철학과 종교, 심리학, 마케팅, 소설책 등 가리지 않고 읽는 편이며 특히 동서양의 역사에 대한 책을 많이 읽으려고 한다. 아이러니하게도 디자인에 관련된 책은 잘 보지 않는 편이다. 나 자신이 영향을 받고 독창성을 잃을 것 같아서이다.

어쨌든 소비자의 입장에서 문제점을 발견하고 향후 새로운 방향을 제시할 수 있도록 꾸준히 노력해야 한다. 이러한 준비 과정 없이 학생들에게 제대로 된 방향을 제시하거나 지도하기는 쉽지 않다. 이러한 많은 노력은 정확한 의사 결정을 위해 유능한 디자이너에게 끊임없이 요구되는 과정이기도 하다.

미친 생각을 창조적인 발상으로 바꾸려면 어떻게 해야 하는가? 많은 아이디어와 스타일링 방향 중에서 어떤 것을 선택해서 발전시키는 것이 옳은가? 이는 결국 자신의 디자인 가치판단 기준에 따라 결정된다. 그리고 그것을 평가하는 것은 지식과 경험의 폭과 깊이 그리고 감각이다. 그 판단에는 순발력과 적응력, 통찰력 그리고 허를 찌르는 엉뚱함과 과감함이 논리적으로 적용되어야 한다. 이 과정은 디자이너에게 부담이 되지만, 결국은 자신의 경험을 적절하게 적용하면서 혁신적인 결과를 예측하고 결정할 수밖에 없다. 다양한 지식과 경험, 동물적 디자인 감각을 토대로 '미친'이 점점 '혁신적'으로 전환되는 과정을 겪는 것이다.

Culture, 새로운 문화가 탄생한다

혁신적인 제품을 만들면서 소비자의 숨겨진 바람을 찾아내는 과정을 거쳤다면 Innovative의 I를 Culture의 C로 거듭나게 해야 한다. 그러나 이 과정 역시 매우 어렵다. 소비자의 진정한 바람이 디자인을 통해 실현될 때 비로소 이것이 가능하기 때문이다.

MP3 플레이어와 휴대폰을 예로 들어 보자. 다 알고 있는 사실이지만 처음으로 MP3 플레이어를 상품화한 곳은 한국의 중소기업인 아이리버이다. 아이리버의 제품은 초기에 선풍적인 인기를 끌었지만, 곧이어 나온 애플의 '아이팟'에 무참히 무너졌다. 그리고 애플의 MP3 플레이어는 새로운 문화를 창조하기에 이른다.

애플은 간편하고 세련된 사용법과 디자인, 독창적인 음원 제공 방식을 통해서 MP3 플레이어 시장에는 새로운 패러다임을, 소비자들에게는 새로운 삶의 패턴을 세시했다. 소비자가 상상하지 못한 음원 제공 방식과 더불어 그 효율성과 편리성을 디자인으로 승화하여 이루어진 시너지 효과가 하나의 거대한 애플 문화를 만들어 낸 것이다. 아무리 획기적인 제품이라도 디자인이 소비자의 기대치에 부응하지 못했다면 지금과 같은 열풍은 기대할 수 없었을 것이다. 디자인의 역할이 얼마나 중요한지를 보여주는 대표적인 케이스이다.

휴대폰 시장도 마찬가지다. '아이폰'의 등장은 모토로라와 소니에릭슨, 노키아, 삼성, LG 등 선발 기업들을 무참히 쓰러뜨렸다. 애플이 제시한 '아이팟'과 '아이폰', '아이패드'가 단순한 시장조사를 근거로 하여 탄생한 제품이라면, 다른 경쟁사들도 당연히 그 방향성을 예측하고 비슷한 제품을 출시해야 했다. 그러나 제대로 기획한 멋진 디자인으로 온 세계가 열광하는 '아이폰' 문화를 창출하고 새로운 왕국을 탄생시킨 것은 애플이었다.

여기서 중요한 것은 애플이 스마트폰 시장의 선발 주자가 아니었다는 점이다. 우리는 그들의 '상품 개발 콘셉트'와 '디자인 콘셉트'가 어디에 기반하고 있었는지를 주목해야 한다. 애플은 제품에 소비자의 영혼을 정확히 담아냈다. 이는 디자인이 시대의 흐름을 바꾸는 역할을 수행하고 있음을 보여준다. 단순히 기능을 개선하거나 모양을 좋게 하는 데 그치지 않고, 제품을 사용함으로써 유발되는 사회적 변화까지도 고려하는 것. 그것이 멋있게, 좋게, 잘 만든 디자인이며 C.C.I.C.다.

예술가들은 자신의 영혼을 담은 메시지를 개성 있는 방법으로 표출함으로써 대중들과 소통하고자 한다. 자신이 뜻하는 바를 작품으로 표현하고 대중의 선택을 기다리거나 혹은 자신의 의도가 대중들에게 전달될 때까지 자기만의 방법을 고수한다. 예술의 세계에서는 그러한 희소성도 매우 중요한 요소이다. 그러나 디자인의 포커스는 궁극적으로 소비자에 맞춰져야 한다. 자신이 제시하는 디자인 방향이 소비자가 좋아하고 원하는 방향이 될 수 있도록, 디자이너는 자신의 상상력과 아이디어를 총동원해 소비자의 영혼을 깨워야 한다. 결국 소비자의 숨겨진 영혼을 담아낸 디자인만이 세상과 소통을 이루고 새로운 문화를 창출해 낼 수 있는 것이다.

'조화로운 대비'를 찾아라

앞서도 말했지만 나는 디자인을 할 때, 멋있게 하는 것에 상당히 큰 비중을 두고 있다. 하지만 멋있는 디자인을 판단하고 결정하는 기준은 매우 추상적이고 주관적인 부분이라, '멋있는 디자인은 무엇인가'라는 질문은 오랫동안 많은 학생들과 디자이너의 최대 고민거리이자 숙제였다. 디자인 콘셉트와 프로세스를 중시하고 소비자가 필요로 하는 기능을 개선하고 신소재를 사용한 제품이라도, 모든 요소가 통합되어 멋있게 표현되지 못하면 그 의미는 반감된다.

모든 디자이너가 반드시 생각하고 넘어가야 할 이 문제의 해답을 얻기 위해 나는 수많은 아름다운 디자인 결과물들을 분석하고 연구했다. '도대체 어떤 것이 아름다움의 공통 요소인가.'

나의 생각은 '조화로운 대비'로 귀결되었다. 그리고 그것을 실제 디자인 과정에 적용하고 발전시켜 만족할 만한 결과를 얻었다. 이 결론은 내가 그동안 디자이너로 활동하면서, 학생을 가르치면서 깨달은 나의 경험을 토대로 한 것이다. 미적으로 아름다우면서 혁신적일 때 멋있다는 것이 더 큰 결과를 가져온다고 생각한다.

아름다움의 평가 기준은 시대마다 다르게 변해 왔다. 즉, 유행이나 트렌드라는 흐름에 따라 그 기준이 바뀌고 발전하는 것이다. 한때는 아름답다는 평가를 받던 것도 시간이 흐르면 시대에 뒤떨어지고 촌스럽게 느껴지는 이유는 바로 유행 때문이다. 기술의 발전도 아름다운 디자인을 만드는 데 한몫한다. 예전에는 구현할 수 없었던 새로운 기능이 생겨나고 디자인에 새롭게 반영되어 또 다른 멋의 요소로 작용하기도 한다. 과거에는 얻을 수 없었던 형상을 구현하거나 결점을 찾기 힘들 만큼 완성도 있는 마감 처리로 새로운 아름다움을 소비자에게 전달할 수 있다. 이러한 여러 요소들이 종합적으로 작용하여 아름다움은 시대에 따라 진화한다.

하지만 시간의 흐름과 관계없이 여전히 아름다운 제품이 있다. 시간이 흘러도 궁극적인 아름다움의 요소는 크게 변하지 않기에 그것이 가능하다. 이처럼 시대를 초월하는 아름다움의 기본적인 요소에는 대비, 반복, 대칭, 점이, 조화, 균형, 단순함 같은 것들이 있다. 이들의 교집합이 바로 '조화로운 대비'이다.

대비 contrast 라는 것은 상반되는 요소들의 충돌이다. 흰색과 검은색, 원과 사각형, 긴 것과 짧은 것, 많은 것과 적은 것, 딱딱한 것과 부드러운 것, 뜨거운 것과 차가운 것. 그러나 극적인 대비는 자칫 촌스럽고 어색하게 표현될 수 있다. 시각적인 자극이 너무 크면 아름답다기보다 자극으로만 느껴지기도 한다. 이에 반해 조화로움harmony은 서로 다른 요소들이 만나 균형 있게 어우러지는 것이다.

즉 조화로운 대비란, 말 그대로 극적인 요소들을 조화롭게 대비시킨다는 뜻이다. 이 원리를 다양한 방법으로 적용했을 때 사람들은 아름다움을 느낀다. '아이폰4'는 조화로운 대비의 디자인을 잘 나타낸다. 전체적으로 큰 사각형에 모서리는 작은 라운드, 위쪽의 큰 사각형 디스플레이와 아래쪽의 작은 원 모양의 홈버튼, 검고 넓은 플라스틱 평면과 은색의 얇은 금속 테두리. 이러한 극적인 요소의 대비가 절묘하게 어우러져 심플함 위에 조화를 이룬다. 이것을 소비자들은 멋있다고 받아들인다.

결국 심플함은 기하학적이고 제한적인 특성이다. 단순하고 절제된 조화로운 대비라고 할 수 있다. 이것은 '미니멀 디자인'이나 '모던 디자인'이라는 말로도 표현할 수 있는데, 모던 디자인에는 시대의 의미가 포함되어 있으니 여기서는 미니멀 디자인이라고 하겠다. 멋있는 디자인에 대한 사고가 바뀜에 따라 나의 디자인 가치관도 달라져 요즘은 미니멀한 디자인을 기본으로 한 조화로운 대비를 적용하고 있다.

1980년대에 소니의 '워크맨'이 지구촌을 휩쓸었다. 당시 가지고 다니면서 음악을 들을 수 있는 제품이라고는 휴대용 트랜지스터라디오와 야외용

전축이 고작이었다. 밖에서 자기가 원하는 음악을 들으려면 크고 무겁고 부서지기 쉬운 LP판을 가지고 다녀야 했다. 이런 상황에서 소니가 '카세트 테이프'를 이용한, (당시만 해도) 작고 가벼우며 스포티한 디자인에 방수 기능까지 첨가된 혁신적인 제품을 내놓은 것이다. 이 제품은 집안에서만 감상할 수 있었던 음악을 밖으로 가지고 나와, 레저를 즐기면서 음악을 듣는 새로운 문화를 만들어 냈다. 그 이후에는 손톱만 한 크기의 MP3 플레이어가 만들어지면서 지구촌을 한 번 더 강타한다. 이전에는 상상할 수 없었던 크기와 용량과 품질, 말 그대로 혁신이었다.

비행기도 수십 명밖에 태울 수 없던 정원을 백 명 이상으로 증원시킨 '점보'와 기존의 것보다 더 크고 빠르게 개발된 '콩코드' 등이 초기에 크게 주목을 받았다. 휴대폰이 큰 것에서 작은 것으로, 텔레비전은 브라운관에서 평면 디스플레이로 두께에서 혁신적인 변화가 이루어졌다.

이러한 것들의 핵심 역시 '대비'의 논리다. 미친 생각에서 이어진 혁신적인 제품은 '대비'를 통한 변화로 소비자에게 감동을 준다. 크다고만 생각한 것을 작게, 작을 수밖에 없다고 생각한 것을 크게 변화시키면서 말이다. 이런 대비의 폭이 클수록 소비자의 마음을 더 크게 움직일 수 있다.

그래서 나는 프로젝트를 진행할 때 항상 '대비'를 강조하고 정상의 반대인 '미친'을 강조한다. 개발 콘셉트를 잡을 때도 기존의 제품에 반反하는 쪽을 선택하고 아이디어 발상도 반대 방향으로 진행시키고 결정도 반대로 하는 편이다. 복잡한 형상이면 심플한 제품군에서 반대로 심플한 것은 복잡한 제품군에서 영감을 얻도록 유도하는 '대비의 적용'을 기본 방침으로 삼고 있다. 이 방법은 가능성의 범위를 넓히고 다른 시각에서 접근한다는 말과 일맥상통한다고 볼 수 있다.

물론 한 가지 방향을 계속해서 발전시키다 보면 생각지도 못한 신기술이 나와 제품을 혁신적으로 만들 수 있다. 하지만 나는 매 학기 새로운 학생을 상대하기 때문에 한 가지 연구를 지속적으로 할 수 없다. 실제로 제품을 생산하고 결과를 평가하기도 힘들다. 이런 상황에서 혁신을 지속시키는 데는 대비의 적용이 최고의 방법이라고 생각한다.

흔히 성공학에서 '역발상'이라는 방법이 자주 사용되는데, 이것도 내가 얘기하고 있는 '미친 대비'의 기본적인 형태이다. '역발상'은 상황이 주어진 상태에서 거꾸로 생각해 보는 것이지만 '미친 대비'는 주어진 상황이나 한계가 없다는 점이 다르다.

감성과 이성이 만날 때 감탄하는 디자인이 탄생한다

사람이 어떤 일을 할 때, 하고 싶다는 욕망은 감성에 의거하고, 무엇을 할 수 있다는 판단은 이성에 근거한다. 디자인을 할 때도 그렇고, 우리는 무언가를 해 나가면서 이렇게 하고 싶다거나 저렇게 하고 싶다는 감정을 느낀다. 그러나 그것을 실제로 만들어야 한다는 문제에 부딪치면 이성적으로 접근해야만 한다.

우리가 어떤 제품(서비스)을 필요로 한다면, 그 욕구를 충족시키기 위해 가져야 할 필수조건이 그 제품의 기능이 된다. 예컨대 '배가 고프다, 먹을 것이 필요하다.'라는 본능을 충족하는 제품을 만든다면 필수적으로 요리를 할 수 있는 기능을 가져야 한다. 거기에 사용하기 쉽고, 싸고, 멋있고, 가벼운 제품을 원한다는 이성적인 욕구가 더해지는 것이다. 그렇게 만들어진 제품이 시장에 나온다.

실제 기업의 사례를 통해 이런 관점이 어떻게 적용되는지 살펴보자. 많은 분석가들은 GM이 지난 십여 년간 적자에 허덕인 이유가 방만한 복지 혜택 등 지출 과다에 있다고 봤다. 하지만 사실은 경영진의 '이익 중심의 경영'이 그 원인이라는 발표가 있었다. 이전의 경영진들이 '자동차에 대한 사랑'으로 회사를 운영했다면, 바뀐 경영진들은 그간의 실패를 만회하기 위해 회사를 운영했다. 실패의 요인은 과감하게 잘라내고, 이익을 낼 수 있는 부분에만 집중적으로 투자했다. 이런 방법으로 자신들의 변화된 경영 방식을 숫자로 명확하게 보여 줌으로써, 주주들에게 가시적인 결과를 드러내고자 한 것이다. 하지만 몇 년에 걸친 계산적 경영으로 회사는 오히려 적자의 수렁으로 빠져들었다. 그들은 이익이 되지 않으면 과감하게 정리하고 비용을 낮추는 것에만 몰두하여 자동차 회사에서 가장 중요하게 여기고 추구해야 할 자동차의 성능, 신뢰도, 내구성, 아름다움을 무시했다. 그 결과는 소비자의 철저한 외면으로 나타났다. 결국 진정으로 자동차를 사랑하고 열정이 있는 경영진으로 다시 교체되어 자동차다운 자동차를 개발하기 시작했고, 그동안의 부진에서 벗어나 흑자로 전환하는 기적을 만들고 있다.

제품을 디자인할 때는 본능적 욕구를 충족시키는 요소와 이성적 욕구를 충족시키는 요소가 적절하게 조합되도록 해야 한다. 즉, 디자이너는 기본 성능에 충실하면서도 소비자의 이성적 요구를 충족시킬 수 있는 아이디어를 찾아내 표현해야 한다. 기존의 제품들을 분석하고 소비자들의 생활방식이 어떻게 변화하는지를 쫓아가서 기존의 것과 차별화되는, 더 좋고 편리하고 가격이 싼 방향을 지향해 가는 과정에서 좋은 제품이 만들어진다. 상충되는 요소가 멋있게 어우러지도록 만드는 것이 디자인이 존재하는 궁극적 의미가 아닐까 한다.

감성과 이성이라고 하면 우리는 뇌와 심장을 떠올린다. 뜨거운 심장과 차가운 뇌. 이 둘이 떨어져 있는 것은 조물주의 환상적인 디자인이라고 보지 않을 수 없다. 머리에 열이 나면 우리는 아프다고 말한다. 머리는 뜨거워지면 안 되는 부분이다. 몸이 차가워지면 우리는 그 또한 아프다는 신호로 받아들이며, 특히 심장이 차가워지면 죽음이라고 표현한다. 뜨거운 것은 뜨겁게, 차가운 것은 차갑게 유지되어야만 몸이 건강하다는 의미이다.

이는 디자인뿐 아니라 경영에도 적용할 수 있다. 경영자가 '디자인 경영'을 하기 위해서는 디자인을 깊이 이해하는 머리와 디자인을 진정으로 느끼고 사랑하는 뜨거운 가슴이 필수적이다. 경영자로서 삶에 대한 깊이 있는 통찰력과 직관력을 지녀야 하며, 소비자의 꿈을 실현시키겠다는 목표를 가지고 회사의 사활을 거는 차가운 결정을 실행할 수 있어야 한다. 디자인을 단순히 경영에 새롭게 첨가해야 하는 부수적 요소로만 받아들이면, 참다운 디자인 경영이라고 할 수 없다.

과거 혼다자동차가 1세대 '시빅'을 개발할 때 있었던 재미있는 일화를 소개하고자 한다. 80년대 혼다가 지구촌 시장을 장악한 것은 디자인의 가치를 인정했던 혼다 회장의 결정이 있었기에 가능했다. 당시 혼다 회장은 한 가지 커다란 결정을 해야 했다. 디자인 팀의 말을 들어야 하는가, 설계 팀의 말을 들어야 하는가.

디자인 팀이 밀었던 디자인은 당시로서는 파격적인 것으로, 기술적으로 제작이 불가능한 '웨지 스타일'이었다. 쉽게 말하자면, 쐐기 모양으로 된 앞이 납작한 디자인이었다. 설계 팀은 엔진 위치 때문에 이 디자인을 절대로 실현시킬 수 없다고 강하게 반발하고 나섰다. 한 치의 양보도 없이 의견이 대립되자 더 이상 개발을 진행할 수 없었고, 결국 혼다 회장이 결정을 내려야 했다. 회장은 디자인의 가치를 알아보고 디자인 팀의 손을 들어주었다. "설계 팀은 이 디자인이 실현될 수 있도록 무조건 해결책을 제시하라. 그러지 못하면 전원 해고하겠다."라는 명령을 내린 것이다. 결국 그들은 엔진을 기울여 눕히는 방법을 개발해 냈고 그 디자인을 상품화했다. 지금까지 혼다의 간판 브랜드로 자리매김하고 있는 시빅은 이렇게 탄생했고 회사는 커다란 이익을 창출했다.

이것이 진정한 디자인 경영이라고 할 수 있다. 디자인의 가치를 실제로 받아들이고 투자하여 소비자를 만족시킬 수 있을 때, 비로소 그 가치가 빛을 발한다. 경영자가 디자인을 제대로 이해하고 중시할 때, 경쟁력을 잃지 않는 제품이 탄생한다.

디자인에 소비자의 영혼을 담아라

디자인은 다른 관점에서 분류하지면, 순수 디자인과 상업 디자인으로 나눌 수 있다. 순수 디자인은 '인간을 최상위에 두는 디자인'이라고 정의한다면 이해가 쉬울 것이다. 즉, 인간과 소비자를 분리해서 생각하는 관점에서 보자면, 순수 디자인이란 구매 행위를 우선으로 두지 않고 인간에게 정말 필요한 것을 만드는 디자인이다. 자연환경을 보호하는 디자인, 열악한 기후에서 전기를 사용하지 않고도 취사할 수 있는 조리 기구, 단순한 부품과 구하기 쉬운 재료로 만들 수 있는 운송 수단 등 의식이 있는 디자인 방향이다.

예를 들어보자. 물이 귀한 아프리카 지역 사람들을 위해 먼 거리에도 쉽게 물을 운반할 수 있는 '굴리는 물통 디자인'이 전 세계적으로 디자이너들 사이에서 호평을 받은 적이 있다. 그들의 디자인은 순수 디자인이다.

하지만 이러한 순수 디자인은 안타깝게도 구매 행위와 이윤 발생이 좀처럼 일어나지 않아 기업이 현실적으로 회피하고 있는 실정이다. 아무리 싸도 아프리카 원주민에게는 '굴리는 물통'을 구매할 수 있는 능력이 거의 없기 때문에 지금도 먼 곳에서 물을 길어다 먹어야 한다. 소비자가 구매할 수 없는 디자인에는 한계가 있다. 하지만 이러한 디자인의 제시는 참으로 의미 있는 '나눔 디자인'의 좋은 예라 하지 않을 수 없다. 현역에서 활동 중인 뜻있는 디자이너들 중에는 자신들이 하고 있는 디자인은 쓰레기를 양산하는 행위라고 자책하고 회사를 나와 인간을 위해 나눌 수 있는 디자인을 실천하고 있는 사람들이 있다.

그러나 빅터 파파넥이 주장한 '인간을 위한 디자인'의 개념은 소비자를 위한 디자인으로 변해 갈 수밖에 없다. 요즘은 좋은 디자인의 개념이 소비자가 선택하는 디자인으로 인식이 전환되었다. 이런 상황에서 인류에게 도움을 줄 수 있는 아무리 좋은 디자인과 아이디어라도 구매력이 없는 사람들의 관점에 맞춰져 있다면 그것은 실현이 불가능하다. 아무리 강력한 정부의 협조와 권장이 있다 하여도 제한적일 수밖에 없으며 결국은 사장되어 가는 것이 현실이다.

이는 마치 교양 프로의 중요성을 잘 알고 있지만 그것을 편성하지 않고, 예능과 드라마의 시청률에 모든 것을 걸고 있는 방송사의 현실과 같다. 예술적 가치가 높은 영화가 관객 동원에 실패하고 그것을 제작한 감독과 제작사가 파산에 이르는 것과 같은 참담한 현실이 디자인 세계에도 엄연히 존재한다.

최선의 합일점은 인간에게 좋으면서 잘 팔리는 디자인을 창출하는 것이다. 이는 세계 모든 기업과 디자이너의 공통 과제이며 이상이다. 디자이너가 진정으로 인간에게 도움이 되는 디자인을 상품화하기 위해서는 최상의 비즈니스 감각과 마인드가 디자인의 가장 중요한 요소로 자리 잡을 수밖에 없다.

잊지 말아야 할 것은 디자인의 궁극적인 목적은 소비자와의 소통이라는 사실이다 소비자는 급변하는 세상 속에 군림하는 절대 권력자이다. 하지만 그들은 속마음과 선호를 잘 표현하지 못한다. 표현하더라도 정확하지 않은 경우가 많다. 때문에 조사를 통해 소비자의 마음을 자세히 알아냈다 하더라도 그게 다가 아니다. 물론 실패할 확률은 낮아지겠지만, 감동을 주기에는 그것만으로 부족하다. 소비자는 그들이 기대했던 그 이상을 보았을 때 환호하고 마음의 문(지갑)을 연다. 결국 디자이너는 자신의 상상력과 아이디어를 총동원하여, 소비자의 마음속 어딘가에 숨겨져 있는 그들의 잠재적 바람을 이끌어 내고 소통을 시도하는 자이다.

산업혁명 이후, 대량생산이 시작되고 나서도 한동안은 수요보다 공급이 부족했다. 따라서 어떤 제품이든 그 자체만으로 소비자의 바람과 크게 어긋나지 않았다. 하지만 수요보다 공급이 많아지고 동일한 제품이 홍수를 이루고 있는 오늘날, 소비자의 필요성이 구매로 이어지는 데 디자인이 중요한 요소로 자리 잡은 지 오래다. 결국 과거에는 소비자의 '표면적인 바람'이 타깃이었다면, 지금은 소비자의 '숨은 바람'을 찾아야 한다. 그러므로 복잡하고 세분화된 새로운 디자인 전략이 요구된다. 최근에는 새로운 제품을 개발할 때 디자이너는 물론이고 심리학자, 인류학자, 소비자, 영업사원, 마케팅 담당자까지 포함하여 팀을 구성하는 사례가 늘고 있다. 이는 소비자 자신도 인지하지 못하고 표현할 수 없는 그들의 숨겨진 바람을 찾아내기 위한 시도로 볼 수 있다. 혁신적인 제품을 만들기 위해서는 디자인에 소비자의 영혼을 담아야 한다는 점을 잊지 말자.

소비자가 인식하지 못한 새로운 용도를 발견하다

소비자의 영혼을 디자인에 담는다는 것은, 순수 디자인도 중요하지만 소비자에게 어필하지 못하면 디자인은 결국 도태되고 만다는 뜻이다. 이제는 디자인을 위한 디자인이 아니라 소비자를 위한, 사용자를 위한 디자인이 필요하다.

그 중요성을 잘 보여주는 것이 'MDRA 국제 보트 디자인 공모전' 수상작인 판툰보트이다. 이 공모전에서 수상한 라오는 인도에서 엔지니어링을 전공하고 미국 GE에서 엔지니어로 5년을 근무하다가 디자인이 하고 싶어서 좋은 직장을 그만두고 디자인 대학원으로 입학한 학생이다. 입학 전에 나에 관한 모든 정보를 파악하고 학과장과 면담을 하여, 졸업할 때까지 내 수업만 들은 특이 케이스이다.

그동안 이 공모전에 참가했던 학생들은 100% 스피드폼을 변형하여 수상했다. 반면 대상을 수상한 라오는 우선적으로 자료 조사 작업에 착수했다.

우리는 먼저 보트 시장을 분석하고 어떤 디자인에 초점을 맞출 것인지 의논했다. 라오는 처음에 스피드 보트에 초점을 맞추어 진부한 방향을 되풀이해서 가져왔으나, 나는 레저용 보트로 방향을 잡을 것을 권했다. 그리고 판툰보트를 디자인 목표로 설정했다.

판툰보트는 속도는 느리지만 안전하여 가족 단위 물놀이를 하는 데 적합하고 무엇보다도 착한 가격으로 미국에서 오랫동안 사랑받아 온 보트 중 하나다. 가격이 저렴해서인지 그동안 디자인이 개선되지 않았고 제품의 다양성도 부족하다는 것을 마켓 리뷰를 통해 알 수 있었다. 조사를 통해 할아버지나 할머니가 자식과 손자들이 보고 싶을 때 많이 구입하거나 가족 단위 물놀이용으로 구입한다는 사실도 알았다. 이러한 판툰보트의 특성을 즐기고자 하는 사람들이 노년층뿐일까? 우리는 소비자를 젊은 층으로 전환할 수 있도록 과감하게 용도를 개선하고 신기술을 적용하였다. 또 값싼 이미지를 벗기 위해 스포티하며 로맨틱한 디자인을 적용했다. 거기에 충격으로 발생되는 전기를 사용할 수 있는 모터를 장착하여 연비 절감 아이디어를 첨가함으로써 가족 물놀이용에서 젊은이들이 데이트를 즐길 수 있는 보트로 바꾸었다.

그 결과 1등상과 대상을 동시에 수상하는 그야말로 쾌거를 이루었다.

MDRA 국제 보트 디자인 공모전(Designed By Vyasateja Rao)
새로운 용도를 발견하고 그에 맞는 신기술과 디자인을 적용한 판툰보트

전 세계 학생들과 특히 운송 디자인에 강세를 보이는 아트센터 학생들을 물리치고 얻어낸 값진 수상이었다. 상금이 무려 13,000달러가 넘었다. 라오는 졸업과 동시에 영주권을 내주는 조건으로 케이스메이트라는 회사에 취직하여 신제품 디자인 개발 부서에서 활동하고 있다.

CHAPTER

5

자동차 디자인을 처음 가르친다는 것은 참으로 힘든 일이다.

하지만 나는 열정과 설렘으로 가득 차 있었다.

대학 때 계획했던 꿈에 한 걸음 가까이 가는 통로라는 생각도 들었지만,

무엇보다도 강단에 섰을 때의 그 짜릿함에 매료되었다.

죽지는 않을 거야, 죽기야 하겠어?

강단에 서는 짜릿함에 매료되다

회사 생활을 한 지 10년이 넘어갈 때쯤, 교수가 되고자 했던 목표가 구체적으로 실현되었다. 당시 건국대학교 충주캠퍼스에 재직 중이던 현 숙명여자대학교의 강병길 교수가 강의를 부탁한 것이다. 그렇게 충주에 있던 건국대에서 본격적으로 자동차 디자인에 대한 강의를 시작했다. 2시간 이상을 운전해 가야 하는 쉽지 않은 결정이었다.

자동차 디자인을 가르친다는 것은 참으로 힘든 일이다. 하지만 나는 열정과 설렘으로 가득 차 있었다. 대학 때 계획했던 꿈에 한 걸음 가까이 가는 통로라는 생각도 들었지만, 무엇보다도 강단에 섰을 때의 그 짜릿함에 매료되었다.

먼저 디자인에 대한 학생들의 인식을 바꾸고 싶었다. 그와 동시에 학생들의 디자인 실력을 배양하는 데 중점을 두기로 했다. 당시 학생들의 가장 큰 문제점은 자기가 무엇을 해야 되는지 정확히 모른다는 것과 디자이너로서의 사고방식이 없다는 것이었다. 대학에 들어오기 위해 받은 교육은 디자인에 필요한 창의적인 학습이 아니라 주입식 공부였다. 그렇게 암기할 것만 외워서 시험을 보고 들어와서인지 스스로 문제점을 발견하고 그것을 해결해 나가는 프로세스가 없었다. 데생은 배웠어도 스케치는 배우지 않았기 때문에 자신의 생각과 아이디어를 적용해서 표현하는 기술도 상당히 미약했다.

제일 먼저 스스로에게 디자이너로서의 자질이 있다는 점을 인식시키고, 디자이너답게 생각하도록 변화시켜야 했다. 대충 살려고 하는 안이한 생각을 버리고 치열하고 예민하고 정확하고 날카로운 디자이너의 눈을 가질 것을 강조했다. 무슨 일이든 자신이 아는 만큼 보이고 아는 만큼 할 수 있는 법이다. 어떠한 제품을 보았을 때 그것을 제대로 평가할 수 있는 '눈'을 가지는 것이 무엇보다도 중요하다. 또 자신이 하고 있는 작업물을 객관적으로 볼 수 있는 눈도 중요하고, 본 것 이상으로 표현할 수 있는 '손'이 있어야 한다. 그들에게 디자이너로서의 사고방식을 심어 주는 데만 1년이 걸렸다.

나는 학생들에게 자신들이 지금 하는 것이 무엇인지는 알고 하라고 끊임없이 당부했다.

학생들의 가장 큰 약점은 자신이 가져온 과제에 대해 제대로 설명하지 못한다는 점이었다. 시키는 대로 하거나 외워서 하거나 주위에서 하는 대로 따라 하던 습성이 남아, 자신이 하는 것에 대한 확신과 주장이 매우 약했다. 나는 수업 시간마다 자신이 해 온 과제를 발표하게 했고, 그 발표에 대해 끊임없이 질문을 던져 학생들을 괴롭혔다. 엄청난 양의 과제를 내주고 해 오지 않으면 인정사정없이 꾸짖었다. 이런 수업을 들어본 적이 없던 학생들은 당황해했다. 수업 시간마다 지적을 당하니, 견디기 힘들었을 것이다. 대신 나는 매 시간마다 새로운 정보와 기술을 가르쳐 주어 그들의 흥미를 유도했다. 수업이 아무리 힘들고 벅차도 새로운 것을 배운다는 사실에 학생들은 설렐 수밖에 없었을 것이다. 당근과 채찍, 지적과 새로운 지식을 조화롭게 섞어 그들의 열정이 식지 않게 하는 것이 처음 시작한 강의에서 내가 배운 가르침의 기술이다.

교수를 향한 나의 꿈은 그렇게 시작됐다.

'락필'을 디자인으로

건대에서 한 학기를 가르치고, 다음 해 나는 텐덤디자인이라는 회사에서 일을 했다. 그 다음 해에는 나래디자인학원과 계약을 맺고 강의를 하면서 건대 강의도 병행했다. 이곳에서 나는 가능한 한 학생들과 동고동락하며 강의했고 모델 제작도 큰 스케일로 진행했다.

내가 강의를 시작한 후에 현대자동차에서 개최한 '제1회 자동차 디자인 공모전'에 건대 학생들이 참가했다. 그 당시 나는 건대에서 '스피드폼* 프로젝트'를 새롭게 시작했다. 미래형 운송기기를 디자인하여 4분의 1 스케일 모델을 만들게 했는데 이런 수업의 결과, 공모전에서 큰 성과를 거두게 된다. 건대에서 동상과 장려상을 받은 것이다. 이는 당시 산업디자인 쪽에서 잘나간다는 홍대, 국민대와 어깨를 나란히 하게 되었다는 뜻이었다. 수상한 학생 중 한 명은 바로 현대자동차에 취업을 했고, 두 번째 대회에서는 더 많은 학생들이 상을 받았다. 연이어 'LG 디자인 공모전'에서도 두 명이 공동으로 은상을 탔다. 학생들은 열광했다. 그때부터 학생들은 아무리 힘들어도 내 수업에 올인했다. 공모전 수상자 중 세 명이 현대와 LG에 입사하자, 내 수업의 신뢰도는 최고조에 이르렀다.

그중 LG에 공동 입사한 두 학생이 기억에 남는다. 특히 한 명은 경이로

• speed form. 속도감이 있는 입체 형상.

제2회 현대자동차 공모전 학생 수상작

운 변화 과정을 거쳐 공모전에서 수상하고 그에 따른 특전으로 LG에 입사했다. 첫 수업에 들어온 그의 복장과 자세는 매우 인상적이었다. 금속 장식이 달린 가죽점퍼에 역시 금속이 발끝을 덮는 뾰족한 부츠를 신고 삐딱하게 다리를 꼰 채 의자에 비스듬히 앉아 있는 모습. 그것이 그의 첫인상이었다. 그는 범상치 않은 의상과 포스에 걸맞게 한 밴드의 멤버라고 했다.

나는 학생들의 전반적인 수준을 파악하기 위해서 자동차 스케치를 시켰다. 당연히 학생들의 수준은 형편없었다. 그중에서도 그의 스케치는 단연 눈에 띄었다. 조금 과장하여 큰 종이 가운데 검은 콩만 한, 새까만 자동차를 그려서 붙여 놨던 것이다. 나는 다른 학생에게 재미를 가미하여 살벌한 비평을 했다. 하지만 그의 스케치에는 예상 밖의 말을 해줬다. "이렇게 창의적이고 독특한 스케치는 처음 봤다."라고. 그는 놀랐는지 작은 눈을 연신 깜빡였다. 나는 그 말과 함께 더욱 새로운 것을 보고 싶다며 다음 시간까지 20장을 그려 오라고, 특별한 관심을 가지고 있다는 말투로 부탁했다. '락필'이 가득한 그에게서 도전 정신을 발견한 것도 아니고 어떤 소질을 발견한 것도 아니었다. 놀라운 것은 다음 주에 그가 해 온 과제였다. 여전히 형편없었지만 최선을 다했다는 것을 알 수 있었다. 나는 그 과제를 칭찬해 주었고, 특별하다는 말도 잊지 않았다. 수업이 진행될수록 그의 게슴츠레하던 눈빛은 광채를 띠기 시작했고 과제는 진지함과 열정으로 가득찼다. 수업에 참여하지 않고 뒤에서 빙빙 돌고 있었던 학생을 수업의 중심으로 이끌어 내는 순간이었다.

그는 한 학기 만에 180도로 바뀌었다. 그의 음악적 감성과 열정은 창의적이고 신선한 아이디어와 디자인으로 탈바꿈했다. 그리고 다음 학기에 LG 디자인 공모전에서 은상을 수상하는 기염을 토하며 특채로 LG에 입사했다.

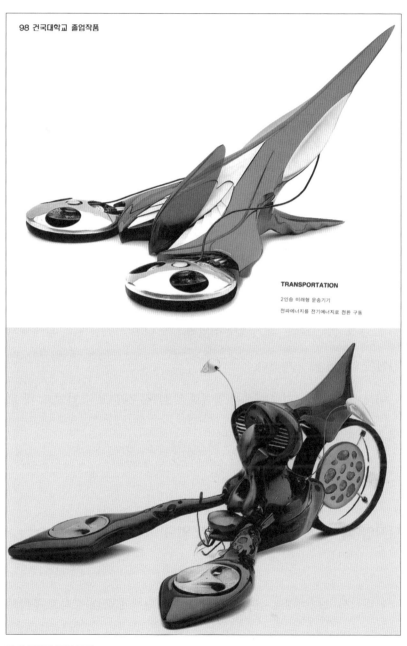

TRANSPORTATION

2인승 미래형 운송기기

전파에너지를 전기에너지로 전환 구동

건대 학생의 졸업 작품

그가 변화하는 모습은 자신은 물론 주변 친구들과 그의 가족에게도 커다란 감동을 주었겠지만, 나에게도 특별했다. 이 사례는 나의 디자인 교육에 획기적인 영향을 주었다. 학생을 진심으로 사랑하게 되었고 교육의 중요성을 깨달았으며, 가르침에 대한 진지함을 지속시키는 원동력이 되었다. 그 후로 나는 포기하지만 않으면 그 어떤 학생에게도 희망이 있다는 확신을 얻었다.

2008년 다시 한국을 방문했을 때 이 학생을 만났다. 그는 LG의 유능한 중견 디자이너로 맹활약을 펼치고 있었다. LG의 히트작 '옵티머스원' 휴대폰을 디자인했고 현재는 휘센 에어컨 디자인 팀에서 일하고 있다. 지금도 그렇겠지만 그때는 대기업에 취업하기가 더 어려웠을 때라 학생들의 선전이 의미 있게 느껴졌다.

미국에 가기 전까지 건대에서 강의한 5년간은 정말 보람 있었고, 내 교수 인생에 중요한 밑거름이 되었다.

디자인에는 남자와 여자의 경계가 없다

건대에서 숙명여대로 옮긴 강병길 교수는 나에게 숙대 강의도 부탁해왔다. 나는 흔쾌히 승낙했다. '여학생은 어떻게 가르쳐야 하는지'를 특별히 고민한 적은 없다. 똑같은 강도로 과제를 지적했고 감당하기 어려울 만큼의 과제를 내주었다. 강의실이 눈물바다를 이룰 것이란 생각은 기우였다. 학생들은 여자이기를 포기했다. 아니, 여자같이 보이기를 포기했다는 말이 맞는 표현일 것이다. 그녀들은 민낯을 보이는 것을 두려워하지 않았고 옷차림에도 크게 신경 쓰지 않았다. 오로지 디자인을 배우고 익히는 데 전력을 다했다. 숙대에서는 자동차 디자인의 비중을 줄이고 제품 디자인과 영화와 애니메이션에 활용하는 디자인을 중점적으로 가르쳤다. 여학생들의 열정과 나의 가르침은 시너지 효과를 냈다. 졸업 전에 자동차 모델을 전시하게 되었는데 당시 총장에게 큰 칭찬을 받았다.

한 애니메이션 수업에서 내가 진행한 콘셉추얼conceptual한 라디오 디자인 프로젝트의 결과물을 이용해 수업을 하기도 했다. '플래시*'를 사용하여 진행한 그 수업은 전국 대학생 디자인 수업 평가에서 1등상을 수상했다고 한다.

1998년 LG전자와 산학협동 프로젝트에 참여했을 때의 일이다. 홍대와 경쟁 구도가 된 상황에서 전화기 디자인을 했는데, 일방적인 숙대의 승리로 끝나는 놀라운 결과가 나왔다. 당시 디자인 연구소장은 프레젠테이션이 끝나고 나서 '숙대 학생들의 디자인 리서치, 프로세스 및 결과물에 높은 점수를 주었다. 홍대는 몇 가지 아이디어를 제외하고 숙대에게 패했다.'라

---

* 애니메이션 프로그램.

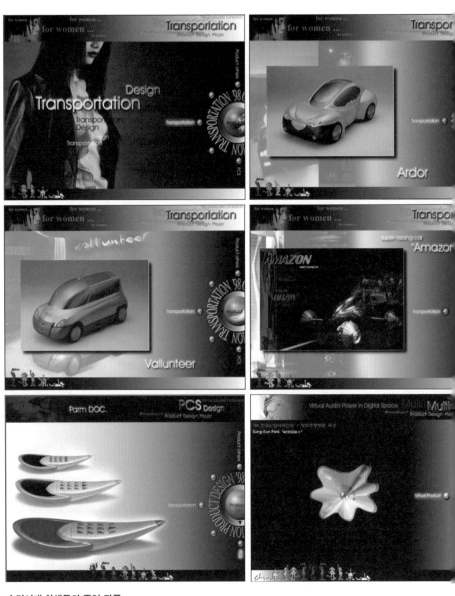

숙명여대 학생들의 졸업 작품

고 말했다. 디자인을 진행할 때, LG의 디자이너가 학교를 방문하여 여러 가지 중요한 디자인 기술 및 정보를 제공했으며, 학생들도 LG 디자인실을 찾아가 여러 가지 실질적인 자문을 받았다. 학생들의 이러한 진지함과 열정에 직원들은 감동했다. 이를 계기로 디자인에 대한 숙대 학생들의 자부심은 높아졌고 타 학년 학생에게도 많은 영향을 주었다. 여학생들의 자신감이 넘치는 모습과 강한 의지는 나를 감동시켰다. 숙대에서의 강의를 통해 나는 그들의 열정이 남학생들을 뛰어넘는다는 사실을 깨달았고, 강의를 통해 또 다른 큰 보람을 느낄 수 있었다.

내가 출강했던 여러 대학에서의 강의는 모두 나름대로 의미가 있고 보람도 있었지만 그중에서도 비행기를 타고 강의를 다녔던 대구의 영남대학교 강의는 특히 잊을 수 없다. 모교 산업디자인학과 동문회장이 바로 영남대의 이병학 교수였다. 영남대에서 강의를 해달라는 그의 청을 여러 번 고사하다가 결국은 수락했다. 집에서 영남대까지 가려면 비행기를 타야 했다. 공항까지도 차를 타고 오가야 했으니 가는 데만 편도 3시간이 넘게 걸렸고, 교통비는 강의료와 비슷했다. 하루 강의를 하는 데 14시간이 필요한 셈이라 체력적으로도 많이 힘들었다. 한 학기만 강의하기로 못을 박고 시작했다.

교통비를 제하고 남는 몇 십만 원 남짓한 돈을 벌자고 왕복 대여섯 시간을 소비하는 강의를 수락한 것은 물론 아니었다. 처음에는 제자들을 진심으로 걱정하는 선배 교수의 마음을 보고 어쩔 수 없이 시작한 강의였다. 하지만 학생들을 가르치며 나의 마음은 변해 갔다. 내가 강의를 하기 위해 들이는 시간과 노력만큼, 학생들은 자동차 디자인을 배우고자 하는 열망에 굶주려 있었다.

원래 영남대는 제품 디자인과 자동차 디자인 쪽이 강세인 학교였다. 특히 자동차 디자인 쪽에 열정이 대단했지만 지역 특성상 좋은 강사를 섭외하기가 쉽지 않았고, 자동차 실무 경력이 없는 교수가 수업을 하고 있어 학생들의 불만이 컸다. 그런 환경이었으니, 학생들에게 나의 등장은 단비와 같았을 것이다. 학생들은 나의 가르침을 스펀지처럼 빨아들였다. 나는 그들에게 더욱 수준 높은 결과물을 요구했으며, 학생들은 멀리서 오는 나를 실망시키지 않기 위해 최선을 다했다. 학생들의 실력은 나날이 향상되었고 학생들과 나의 관계도 돈독해졌다. 선배인 이 교수를 대신하여 공항까지 기꺼이 데리러 와 줄 정도였다. 결국 나는 그들의 열정과 끈기에 끌려 한 학기를 지내고 세 학기를 더 가르쳤다. 그럼에도 배움에 아쉬워하는 학생들의 열망에 답하기 위해, 나는 여름방학 동안 집에 마련한 스튜디오에서 워크숍을 열었다. 영남대 학생들을 서울에서 지내게 하고 숙대 학생들과 연결을 시켜주어 양쪽 모두에게 좋은 결과를 이끌어 냈다.

그때 내 수업을 들었던 영남대 학생들 전원이 지금 대기업에서 디자이너로 활발하게 활동을 하고 있다. 그리고 15년이 지난 지금까지 계속 연락하고 지낸다.

가르치는 과정도 즐거웠지만 이처럼 좋은 결과로 이어질 때 무엇보다 기쁘다. 지금도 나의 가르침을 받은 디자이너들이 사회에서 큰 역할을 해내는 모습을 보면 더욱 그렇다.

디자인의 '디'자도 몰라도 가능성은 있다

1995년, 나래디자인학원은 거액을 들여 이탈리아와 프랑스에서 활약하는 전문 디자이너를 교수로 초빙을 하고, 당시로는 상상도 할 수 없었던 2년제 산업디자인 교육을 시작했다. 나래디자인학원은 나를 포함한 세 명의 전임 교수와 각 분야의 대학 강사를 초빙하여 수업을 시작했다. 취지는 디자이너가 되고 싶은 고졸 이상의 학생을 2년간 교육하여 중소기업에 디자이너로 취업을 시킨다는 것이다. 그리고 향후 교과부에 승인을 받아 정규대학으로 전환하고자 하는 목적을 가지고 있었다.

당시 대우자동차에서 퇴사한 후 텐덤디자인에서 디자이너로 일하며 대학 강사를 겸하고 있던 나에게 나래디자인학원은 전폭적이고 파격적인 대우를 해 주었다. 당시 대학 전임 교수 2배에 달하는 급여를 제시했으며, 다른 대학에도 자유롭게 출강할 수 있는 조건이었다.

컴퓨터 그래픽 기술을 배우려고 오는 학생들을 설득하거나, 신문과 잡지에 광고를 내서 수강생을 모집했다. 다시 말하자면 초기에 모집한 학생들은 디자인을 하고 싶어 하지도 않았고 디자인을 하기 위해 준비된 이들도 아니었다. 디자인에 필요한 기본 스킬도 없는 학생들을 가르친 것이다. 외국인 교수 두 명은 수업을 영어로 진행했으며 내가 통역을 해 주었고, 이 시스템에 학생들은 금방 적응해 나갔다.

이곳에서 디자인의 '디'자도 모르는 학생들을 2년 동안 교육한 경험은 나에게 또 하나의 의미가 되었다. 나는 그들에게 스케치와 컴퓨터 렌더링 그리고 입체감에 대한 이해를 집중 훈련시키면서, 다양한 방법으로 디자인 사고방식을 일깨우고자 했다. 그리고 당장 회사에 들어가서 바로 써먹을 수 있는 실질적인 디자인을 가르쳤다.

학원의 커리큘럼은 유럽과 미국의 장점을 통합해서 구성했다. 기존의 것과 같은 커리큘럼이었지만 가르치는 내용은 달랐다. 이탈리아인 교수는 스케치는 잘하지 못했지만 컴퓨터 렌더링에는 뛰어났고, 무엇보다 디자인 감각이 최고였다. 그는 학생들을 가르치는 동안에도, 이탈리아에 있는 회사와 연락하며 간단하게 양산할 수 있는 제품을 개발하여 많은 로열티를 받았다. 그는 디자인에 감각과 직관을 최대한 사용했으며 특별한 프로세스는 없었다. 제품을 보고 그것에 합당하다고 생각하는 안이 떠오르면 바로 렌더링하여 제품화시켰다. 그의 디자인은 자연스럽고 단아했으며 무엇보다도 아름다웠다.

반면 프랑스인 교수는 미국에서 유명 디자인 컨설팅 회사에 근무한 경험이 있었고, 스케치 커뮤니케이션에 있어서 이탈리아인 교수보다 훨씬 자유로웠고 뛰어났다. 하지만 실제 디자인을 할 때는 실용성과 미적인 면에서 뒤처지는 편이었다.

학생들에게는 양질의 교육 환경이 주어졌다. 디자인 선진국의 전문가에게 각 나라의 다양한 디자인 경향과 특성을 배울 수 있었고, 체계적이고 집중적인 교육을 받을 수 있었다. 시작 초기에는 두려워하고 수줍어하던 학생들도 시간이 지날수록 밤샘을 마다하지 않고 수업에 흥미를 가지고 따라왔다. 성품이 부드럽고 친구처럼 대해 주는 외국인 교수와의 친분도 두터워져 서로를 신뢰하게 되었다. 나의 혹독한 비평 때문에 흘리는 눈물의 양은 줄어들었고 능력에 넘치는 과제를 하는 것에도 익숙해지면서 그들은 디자인 실력을 쌓아 갔다. 학생들은 자신감이 늘었으며 이전보다 적극적이고 능동적으로 수업에 임하면서 교육의 분위기는 무르익어 갔다.

그 결과 90% 이상의 학생들이 디자이너로 중소기업에 취직했다. 이곳의 학생들은 대부분 대입에 실패했거나, 전문대나 대학을 졸업했어도 취업의 문턱에서 좌절한, 세상의 시선에서 보자면 낙오자였다. 하지만 탄탄한 실무 경력과 실력으로 무장한 최고의 교수진과 나래디자인학원의 전폭적인 지원, 그리고 학생들의 변화는 놀라운 성과로 나타났다. 이곳에서 처음으로 누구든 2년 정도 디자인을 집중적으로 배우면 디자이너로서 실무에 투입될 수 있다는 사실을 경험했다. 또 자동차 디자인만 전공하고 그 길만 걸어온 나 역시 이곳에서 제품 디자인에 대해 많은 것을 경험하고 배웠다. 당시 시행했던 교육 경험들은 현재 나의 디자인 교육에 초석이 되었다. 훗날 진행하는 교육 프로그램 과정과 비슷한 점도 많았다. 물론 당시에는 이러한 경험이 향후 얼마나 큰 도움이 될지 인식하지 못했다.

그러나 잘 진행되던 프로그램은 안타깝게도, '수도권 지역 교육기관 설립안'이 국회에서 교통 혼잡 문제로 부결되고, 바로 이어진 IMF 경제 위기로 좌초된다. 그리고 나의 한국 생활도 흔들리기 시작했다.

대학교수, 그 도전과 좌절

나래디자인학원의 월급과 학기마다 해왔던 대학 강의 서너 개에 프리랜서 일까지 합치면 연 수입이 1억 정도 되었다. 그러던 것이 나래디자인학원에서 벌던 수입이 없어지자, 대학 강의와 프리랜서로 하는 디자인 일에 매달려 생활비를 해결해야 했다. 하지만 IMF 경기침체가 중소기업을 덮치면서 디자인 일거리가 줄고 받을 돈을 받지 못하고, 강의료만으로 생활을 유지해야 하는 상황에까지 몰렸다. 경제적으로 허덕이게 된 나는 대학교

수 모집에 적극적으로 응모했다. 학벌, 사회 경력, 강의 경력과 성과 등 당시 스펙으로 볼 때 나는 디자인 분야에서 대한민국 상위 1% 안에 속한다고 자부했다. 학생들을 가르치면서 나는 홍대 산업디자인 대학원을 졸업하고 석사학위도 받았기 때문이다.

하지만 결과는 항상 실패였다. 간혹 이사장 면접까지 가더라도 그들이 제시하는 전임강사 급여는 월 200만 원이 채 되지 않았다. 당시 나는 한 달 강의료가 월 250만 원이 넘는 상황이었기 때문에 쉽게 수락할 수 없었다.

결정적인 낙방 원인은 나이와 논문 실적 점수 등이 아니었을까. 당시 나의 사회 경력과 강의 경력, 학벌보다는 40세를 넘었던 나이가 오히려 짐이 되었다고 생각한다. 당시 한국의 정서상 학교 선배 혹은 나이 많은 후배를 자기 밑에 두는 것은 당연히 부담스럽고 부자연스러운 것이었다. 거기에 디자인 분야에서 쌓은 실무 경력보다 논문 발표 실적을 우선시했던 당시의 상황이 겹쳐, 원하는 대학은커녕 응모할 곳도 많지 않았다. 당시 대학에서 교수 공고 모집을 내는 경우 자체가 드물기도 했다. 여러 해 강의하며 최고의 강의 실적을 가져다준 대학에서도 나를 뽑을 기미는 없었다. 결국 나는 신설 대학의 서류 심사에서도 탈락하는 커다란 좌절을 겪었다. 임용 과정에서 실력보다 중시되는 다른 외적인 요소들을 극복하기가 쉽지 않았다.

IMF 경제 위기로 국내 자동차 회사가 어려움을 겪으며 몇몇 회사가 파산에 이르자, 그동안 최고의 인기를 끌었던 자동차 디자인의 열기도 식기 시작했다. 배워도 취업이 되지 않으니, 가르치는 교수도 배우는 학생도 힘들어질 수밖에 없었다. 이런 상황 속에서 나는 과감하게 제품 디자인과 특히 인기를 모으기 시작한 애니메이션과 게임 그리고 영화 산업에 필요한 미래 디자인concept art 쪽이 시장성이 있다는 생각에 그 방향으로 학생들을 가르쳤다. 예상은 적중했고 학생들의 성과도 기대 이상이었다. 제품 디자인 분야에서는 제자들이 LG 디자인 공모전에서 많은 상을 받았다. 게임과 애니메이션 분야에서는 새로운 시나리오를 배경으로 그에 필요한 건물과 운송기기, 무기, 의상 등을 포함한 디자인 프로젝트를 진행하여 만족할 만한 결과를 거두었다. 그러나 몇 학기를 가르치다 보니, 나 스스로 더 이상 학생에게 가르칠 것이 없다는 한계를 느꼈다. 그 분야의 실무 경력이 전무했기 때문이다. 그때 나는 마음속으로 이 분야의 박사학위를 따야겠다고 결심했다.

그 당시 목동에 있는 집은 전세를 주고 그 돈으로 일산 신도시에 살고 있던 우리 가족은 전세금 폭락이라는 뜻하지 않은 상황에 목동으로 돌아오게 되었다. 일산에서 새롭게 시작한 열린 학교에 즐겁게 다니던 세 아이가 전학 온 학교에 적응하지 못하고 학교에 가려 하지 않았다.

그러던 어느 날, 12살짜리 큰딸이 자기는 미국에서 태어났으니 미국에 가서 공부를 하고 싶다고 말하는 것이 아닌가. 경제적으로 어려움을 겪고 있는 데다, 새로운 분야의 박사학위를 받기 위해 유학을 가는 것이 어떨까 생각하고 있던 나의 계획에 딸의 소원까지 더해지자 더 이상 망설일 것이 없었다. 1999년 말 나는 미국 유학을 결심했다. 9월부터 주변 정리를 시작해 전광석화처럼 12월에 모든 준비를 마쳤다. 집값은 반 토막 났고 비싼 돈을 들여 구입했던 가전제품과 가구도 헐값에 넘길 수밖에 없었다.

강의를 나가던 학교에 이 소식을 알리니, 그동안 정들었던 학생들과 나를 챙겨 주었던 주변 교수들이 하나같이 말렸다. 44살의 나이에 미국으로 떠나는 나를 응원하는 사람들보다는, 미쳤다고 하거나 어리석은 결정이라며 걱정하는 사람들이 더 많았다. 친척들도 마찬가지였다. 하지만 나는 망설이지 않고 실행으로 옮겼다. 이런 무모한 도전에 힘을 실어 준 것은 나의 아내였다. 내가 기아를 그만두었을 때나 대우를 그만두었을 때, 항상 내 편에 서서 나를 지지해 준 아내 덕분에 나는 망설이지 않을 수 있었다. 미국행을 결정한 것도 나를 100% 지지하고 지원해 준 아내의 무한한 신뢰가 큰 힘이 되어 준 덕분이다.

죽지는 않을 거야, 죽기야 하겠어? 죽으면 또 어때?!

누구에게나 살면서 예측할 수 없는 미래 앞에서 결정을 내려야 하는 순간이 있다. 또 결정한 일을 추진하면서 많은 갈등이나 문제점과 조우하기도 한다. 이럴 때는 누구나 두려움과 공포를 느낀다.

사람들은 자신이 내린 결정, 그리고 그것을 실행에 옮겼을 때 일어나는 많은 어려움과 돌발 상황들 때문에 고통을 겪는다. 그러나 찬찬히 생각해 보면, 사람들은 일을 진행하는 과정에서 생기는 어려움과 괴로움보다 그 일이 일어나기 전에 더 많은 두려움과 공포를 느낀다. 이러한 두려움과 공포는 자신이 결정한 미래를 진행하는 과정에 걸림돌이 되거나 아예 실행 자체를 포기하게 만든다.

그동안 수많은 사람들이 반대하는 길을 수없이 선택해 온 나다. 디자인이 생소하던 시절에 미술 공부라고는 해 본 적도 없으면서 산업디자인을 선택할 때도, 앞날이 보장된 기업을 뒤로하고 다른 것을 선택하며 회사를 그만두었을 때도, 적지 않은 나이에 미국행을 선택했을 때도, 모두 내 인생을 좌지우지할 만한 큰 결정이었고 엄청난 반대가 있었다.

'지금 하는 일이 실패하면 어쩌지? 계획한 대로 진행이 되지 않으면 어떡하나? 다니던 직장을 포기할 때 생기는 경제적 어려움을 헤쳐나갈 수 있을까? 길바닥에 나앉지는 않을까?'

황당하고 엉뚱한 결정을 실행하는 과정에서 무수히 많은 고민을 했고 두려움과 공포에 몸서리친 것도 부인할 수 없는 사실이다.

다행히 나는 이러한 문제를 해결하는 방법을 일찍이 깨닫고 실제 삶에 적용했고, 지금에 이르렀다. 내가 저지른(?) 수많은 기행들 속에는 항상 두려움과 희망이 공존했다. 그것을 극복할 수 있게 도와준 몇 가지 방법을 소개할까 한다. 모두 책에서 얻은 지식이지만 나에게 매우 효과적인 결과를 가져다주었다.

첫 번째로 시도했던 방법은 마인드컨트롤이다. 조용한 곳에서 가부좌를 틀고 눈을 감고 머릿속에 커다란 쇠로 만든 빗장을 지른 문을 떠올린다. 그리고 그것을 활짝 열어 그곳에다 떠오르는 모든 고민과 두려움을 집어넣는다고 상상한 후 쇠문을 닫는다. 그 문에 빗장을 걸면서 너희는 그곳에서 나올 수 없다고 믿는 방법이다. 이렇게 하면 신기하게도 한동안 그 고민과 두려움에서 벗어날 수 있었다.

두 번째는 지두 크리슈나무르티가 쓴《자기로부터의 혁명》이라는 책을 읽다 깨달은 '관념의 공포'로부터 해방되는 방법이다. 이 책에서는 산악열차를 타고 스위스로 가는 관광객을 예로 들고 있다. 승객들은 앞으로 5분 후에 100년 넘게 절벽에 걸려 있는 다리를 건널 예정인데, 그 다리는 나무로 만들어진 것이라 붕괴될 위험이 있으니 움직이지 말라는 안내 방송을 한다. 방송을 들은 승객들은 다리를 건너기도 전에 소리를 지르고 기도를 하는 등 기차 안은 공포의 도가니가 되고 만다. 하지만 기차는 아무 일 없이 오래된 나무 다리를 무사히 건너간다.

크리슈나무르티는 승객들이 느꼈던 공포는 진짜 공포가 아니라 '관념에 의한 공포'라고 말한다. 승객들은 기차가 건너가는 중에 다리가 무너지면 절벽으로 떨어져 죽을 것이라는 자신의 경험과 지식에 기반을 둔 생각 즉, '관념' 속에서 공포를 느끼는 것이다. '진짜 공포'는 다리가 끊어져 떨어질 때 느끼는 감정이며, 그 전에 느끼는 공포는 자신이 만들어 낸 것이라는 말이다. 결국 나는 무엇을 계획하고 실행할 때, 그 일이 어떻게 될지 알기 전에 불확실한 결과를 상상하며 두려움을 느끼고 있었다는 것을 깨달았다. 그리고 고민과 두려움, 공포에서 벗어날 수 있었다.

마지막으로 소개하는 방법 역시 어떤 책에서 읽은 것이다. 나의 고민거리가 최악의 상태를 맞이한다면 그것이 무엇일지를 생각하고 거기서부터 거꾸로 해결해 올라오는 방법이다. '만약 이 일을 추진하다 실패하면 나는 직장을 잃을 것이다. 직장을 잃으면 나와 가족들은 어떻게 되는가? 우선 가족들을 분산시켜 부모님 댁이나 친척집에서 지내도록 하고 나는 그사이 다른 일을 찾으면 되겠지……. 그러면 죽지는 않을 테니 지금부터 고민할 필요는 없다.' 이런 식으로 생각을 발전시킨다. 이렇게 생각하다 보면 보다 긍정적인 마인드로 바뀌고, 스트레스도 덜 쌓여 힘든 상황을 버틸 수 있었다.

남과 다른 삶에 도전하는 삶에 감당하기 힘든 고통과 두려움이 뒤따른 다는 것을 대부분의 사람들은 알고 있다. 그러나 그것이 실제로 자신에게 닥쳤을 때 실제로 감당해야 하는 고통은 생각했던 것보다 훨씬 크다. 그로 인한 두려움도 견디기 힘들 정도로 심하다. 그러다 스트레스가 쌓이면 불면증, 식욕 부진, 두통, 소화 불량, 과민성 대장염, 대인 기피증, 우울증 등 감당하기 힘든 병까지 생긴다. 이런 문제들은 앞으로 일어날 일에 확신이 서지 않았을 때 일어나는 심리적 현상이다. 결국 자신이 해결해야 할 문제이다. 이런 상황에 빠졌을 때 주변에 자문을 구하거나 경험자에게 격려를 받으며 스스로 확신을 가지려고 노력은 하지만 근본적인 요소를 해결하지 못하면 이겨 내기 힘든 것이 사실이다. 공포와 두려움의 끝에는 죽음이라는 그림자가 드리워져 있기 때문이다.

그러므로 '이건 꼭 될 거야.'라는 확신이나 '아무리 최악이라도 그렇게는 안 될 거야.'라는 막연한 자기 위안보다는, 그 일이 실패했을 때 야기할 수 있는 최악의 상황을 예측하여 그것을 받아들이는 마음가짐을 먼저 가지는 편이 좋다. '죽지는 않을 거야. 죽기야 하겠어? 죽으면 또 어때?' 등 최악의 상황이라도 받아들이려는 자세를 취하는 것이다. 그래야만 결과가 나오기까지 기다리는 과정에서 받는 스트레스와 고통에서 벗어나 긍정적이고 자신감 있는 행동과 결정을 할 수 있기 때문이다.

이는 디자이너가 되기 위해서도 꼭 필요하지만 인생 전체에 걸쳐서 누구에게나 적용된다. 나는 위의 세 가지 방법을 적절히 활용하며 의사 결정을 내리고, 과감하게 선택을 하며 인생을 리드했다. 그러다 보니 매사에 항상 긍정적인 마음으로 임하게 되고 자신감도 생겨서 더 많은 모험에 도전할 수 있었다. 그리고 그 도전들이 지금의 나를 만들었다. 도전에 대한 두려움과 공포를 이겨 낸 사람만이 자신이 원하는 삶을 살 수 있다.

대비와 역발상으로 신개념 디자인을 만들어 내다

새로운 것을 도전한다는 것은 쉬운 일이 아니다. 인생에서 어떤 일에 도전할 때도 그렇지만, 새로운 디자인에 도전하는 것도 쉽지 않다. 사람은 누구나 익숙한 것에 안주하려고 하기 때문이다. 하지만 나는 C.C.I.C.를 주장하며 학생들에게 새로운 것을 요구한다.

'IF 디자인 공모전'은 '레드닷 공모전'과 함께 세계적으로 유명한 디자인 공모전이다. 2011년도에 소개한 여러 공모전 수상자 중 유일하게 학부에서부터 내 수업을 듣고 회사 생활을 하다 대학원으로 돌아온 대학원생 팀이 대회에 참가했다. 그 당시, 학기 중 첫 번째 프로젝트로 장애자를 위한 로봇 디자인을 막 끝내고 스타일링 감각 강화를 위한 3주 프로젝트를 진행하고 있었다. 기하학적으로 표현하기 힘든 아이템을 골라서 기하학적

IF 디자인 공모전(Designed By Tim Bennett)
드릴 부분 자체가 앞으로 움직이며 구멍을 뚫는 혁신적인 아이디어와 기술을 도입한 전동 드릴

형태로 바꾸는 내용이었다. 대비와 역발상이 주제였기 때문에 신선한 아이디어와 스타일링이 기대되는 프로젝트이기도 했다.

팀의 아이템을 전동 드릴로 정해주고 진행했다. 전동 드릴은 손잡이 디자인이 매우 핵심적이고 예민한 부분이기 때문에 인간공학이 중요한 요소이다. 그런 고정관념을 깨고 손잡이 부분을 기하학적 형태로 심플하게 바꾸었다. 상단의 드릴 부분도 기존의 상식을 깨는 디자인으로 방향을 잡았다. 손으로 눌러서 구멍을 뚫는 것이 아니라 그 부분 전체가 앞으로 움직이며 구멍을 뚫는, 획기적이며 혁신적인 아이디어와 기술을 적용했다. 그 결과 노약자나 여성도 쉽게 사용할 수 있고, 적외선 수평계와 벽 안의 나무 위치를 알려 주는 센서가 적용되어 매우 실용적이며 효과적인 신개념의 드릴 디자인이 완성되었다. 기하학적 단순함과 정교한 디테일 처리로 스타일링도 빼어났다.

결국 3주 프로젝트 과제의 결과물로 콘셉트 부분 1위를 차지하는 놀라운 결과를 얻었다. 상금이 무려 6,000유로였다. 학생은 물론이고 나와 학교, 그리고 미국이라는 국가 차원에서 봤을 때도 매우 영광스러운 결과였다. 하지만 더 놀라운 것은 프로페셔널 부분에서 1등을 차지한 삼성의 디자이너가 내가 한국에서 가르친 애제자였다는 사실이다. 이런 기적 같은 일이 나에게 일어났다는 사실에 한동안 흥분에 휩싸였던 기억이 있다.

나는 그 선택의 결과와 고군분투하며 내 삶을 만들어 냈다.

그렇기에 희망을 놓지 않고 길을 찾았다.

'노력하면 이루어진다'는 흔하디흔한 진리를 온몸으로 체험한 것이다.

난 너희를 최고로 만들 거야

나는 또 한 번 미친 도전을 한다

한국을 떠나기로 한 나의 목적지는 노스캐롤라이나였다. 나와 두 살 차이인 조카가 그곳에 살고 있었는데, 다행히도 적극적으로 노스캐롤라이나로 오기를 권했다. 밀레니엄 시대를 맞이한 2000년 1월, 비행기 값을 제외하고 남은 돈 8,000달러를 가지고 우리 다섯 식구는 미국에 도착했다.

도대체 어디서 나온 자신감인지, 그때의 나는 아무것도 두렵지 않았다. 미국행은 그간 여러 번 있었던, 나의 미친 결정 중의 하나일 뿐이었다. 고등학교 때 얻은 값진 교훈인 '지금 하고 싶은 것을 해라.'와 같은 선상에서 나온 결론이며, 대학교 때 결심한 50세 전에 박사학위를 받겠다는 계획의 실행 과정이기도 했다. 거기에 아무리 못 해도 당시 한국 실정보다는 나을 것이라는 생각도 나를 용감하게 만들었다.

캘리포니아에 살고 있는 누님들 집에서 디즈니랜드를 비롯해 여러 곳을 여행하며 2주를 즐겁게 보낸 우리는 2월 5일, 100년 만의 폭설이 쏟아지는 노스캐롤라이나로 향했다. 엄청난 눈이 내리는 바람에 가까스로 조카네 집에 도착했다. 하지만 거의 2주 동안은 꼼짝도 할 수 없었다. 그사이 나는 인터넷을 통해 현재 위치에서 반경 2시간 거리에 강의할 수 있는 학교가 있는지 찾아보았다. 그러나 내가 공부하려는 노스캐롤라이나 주립대 외에는 산업디자인학과가 있는 학교가 없었다. 당장 돈이 필요했던 나는 또 한 번 무모한 도전에 덤벼들었다.

당시 나의 비자는 여행 비자라 취업을 할 수 있는 상황이 아니었다. 하지만 그 사실이 나를 멈추게 하지는 못했다. 나는 채용 공고도 내지 않은 학교의 학과장에게 이메일로 이력서를 보냈고, 전화를 걸어 수도 없이 메시지를 남겼다. 나중에 알게 되었지만 미국에서 이처럼 '무식한' 일은 없다고 한다. 교수를 한 명 채용하려면 교수 채용 위원회를 구성하고 6개월 동안 의무적으로 채용 공고를 내야 한다. 채용 과정은 대부분 1년이 넘게 걸리며 경쟁률은 최소 25 대 1 정도. 최종 후보로 네 명 정도를 선정하여 이틀에 걸쳐 학장, 부학장, 학과장, 학과 교수, 교수 초빙 위원회 순으로 집중

인터뷰를 한다. 마지막으로 학생과 교수들 앞에서 공개 프레젠테이션과 질의응답을 가진 후 모든 결과를 종합하여 채용 여부가 결정된다.

그런 과정에 대한 지식이 전무했던 나는 답장이 올 때까지 계속 이메일을 보냈다. 결과는 역시 무응답이었다. 그때 만약 '지금은 사람을 뽑지 않으니 다음에 기회가 있으면 알려주겠다.'라는 답장을 받았다면 나는 아마 포기했을 것이다. 지금도 답장을 하지 않은 당시 학과장이 고맙기만 하다.

이메일을 보내고 3주가 지나도 답이 오지 않자, 오기가 발동했다. 조카를 설득해 조카 부부와 아내까지 네 명이 1시간 20분 정도 떨어진 노스캐롤라이나 주립대 산업디자인학과 학과장실로 쳐들어갔다. 사전 약속도 잡지 않고 따지러 간 것이다. 상식적으로 도저히 있을 수 없는 일이지만 무조건 밀고 들어갔다. 학과장실에 도착한 나는 학과장 대신 비서를 만날 수 있었다. 자초지종을 들은 비서는 당황하며 학과장이 '메디컬 이머전시medical emergency'가 생겨 병원에 가고 없다고 했다. 그 말이 내게는, 사람을 만나고 싶지 않을 때 자주 대는 핑계로 들렸다. 기분이 나빠진 나는 누구든 만나게 해달라며 소리를 질러 댔다. 뚱뚱한 흑인 비서는 당황하며 다른 교수를 찾으러 다녔지만 다들 수업 중이거나 부재중이었다. 나는 화를 내며 로비에서 아무 죄 없는 비서에게 '어떻게 학과장이라는 사람이 무책임하게 답장 하나, 전화 한 통을 안 할 수 있냐?!'고 따졌다. 이것도 나중에 안 사실이지만, 미국 사람들은 소리 지르는 것을 아주 싫어하며 그

날 나의 이런 행동은 매우 무례한 것이었다.

그런데 운명인지, 하늘이 도운 것인지, 한 여자가 로비를 지나다가 내가 떠드는 소리를 듣고 다가왔다.

"무슨 일인지 모르지만 제가 도울 일이 있으면 도와드릴게요."

그녀는 학장의 측근에 있는 디자인 대학의 재정 담당 책임자였다. 내가 그간의 일들을 설명하자, 그녀는 명함을 주며 오늘은 이만 돌아가고 집에 가서 자신에게 이력서를 보내라고 했다. 더 이상 별 도리가 없어 그렇게 돌아와 저녁에 이메일로 이력서를 보냈다. 다음 날 놀라운 일이 벌어졌다. 아침에 학과장에게 전화가 걸려온 것이다.

"오늘 11시까지 포트폴리오를 가지고 학교로 오시오."

그동안 자기가 암 수술을 받아서 제대로 일을 할 수가 없었다는 말도 덧붙였다. 깜짝 놀란 나는 노스캐롤라이나 주립대로 질주했다. 11시가 됐지만 그는 나타나지 않았다. 그렇게 30분이 흐르고 화가 나 폭발하기 직전에, 노인 한 명이 온몸에 호스를 주렁주렁 달고 나타났다. 학과장이었다. 항암치료 중이라 늦었다고 사과하며 포트폴리오를 보여 달라 했다. 내가 내민 포트폴리오를 본 그는 바로 학장을 만나러 가자는 것이 아닌가. 그의 반응에 나는 당황했다. 이게 무슨 황당한 상황이란 말인가? 어쨌든 회의실에서 학장과 만났다. 그는 나의 포트폴리오와 이력서를 보고 나더니, 환한 미소를 띠우며 학과장이 좋으면 자기도 좋다고 악수를 청했다. 학장 면담을 마치고 나오자 학과장은 나에게 '마침 교수 한 명이 일본으로 떠나 인원을 충원하려고 했다'며 폴트폴리오를 놓고 가면 산업디자인학과 교수들에게 회람시키고 동의를 얻어 계약서를 보내겠다고 했다.

그리고 얼마 후, 봄 학기는 이미 시작을 해서 어쩔 수 없으니 가을 학기부터 강의를 시작하라는 연락을 받았다. 그러자고 시작한 무모한 도전이었지만, 막상 일이 성사되자 나와 아내는 흥분해서 정신을 잃을 지경이었다. '어떻게 이런 일이 있을 수 있는가!?' 조카 내외도 어안이 벙벙해 보였다. 미국 생활 10년째라 이곳 사정을 잘 알고 있었기에 더욱 이 상황을 이해할 수 없었던 것이다. 삼촌이 하자니까 할 수 없이 했지, 이런 일이 가능하리라고는 1%도 생각하지 않았다고 했다. 하지만 내가 미국에서 강의를 하기까지 넘어야 할 산은 아직 남아 있었다.

노스캐롤라이나 주립대에서 계약서를 받은 것은 4월이 넘어서였다. 생각보다 꽤나 늦게 보낸 계약서에는 8월 16일 전까지 취업 비자를 받지 못하면 계약은 무효라고 명시되어 있었다. 다행히 당시에는 여행 비자에서 취업 비자로 전환이 가능했다. 취업 비자에 대해 무지했던 나는 이것이 얼마나 중대한 일인지 모르고 있었다. 기간이 문제였다.

비자를 신청하려고 보니, 취업 비자인 'H비자'는 8월 중순까지는 도저히 받을 수 없는 상황이었다. 다급해져서 학교를 통해 알아보다 'O비자'라는 것을 알게 되었다. O비자는 노벨상 수상자나 올림픽 금메달리스트 등 특별한 재능을 가진 사람들만이 받을 수 있는 비자이다. 이 비자를 받으려면 노벨상 수상자에 버금가는 실적을 증명하거나 명시된 12개 항목 중 최소 3개 이상을 만족시키는 서류를 첨부해야 했다. O비자도 신청하고 발급을 받는 데 최소 2개월이 걸린다고 했다. 수상 경력, 남보다 월급을 많이 받았던 내용 증명 등 엄청난 서류를 급하게 준비했다.

산 넘어 산이라고 했던가. 한국에 있는 옛 직장 동료, 학교 선배, 가족을 총동원해서 서류를 준비하던 중 날벼락 같은 일이 생겼다. 여권의 유효기간이 만료되기 직전이라는 사실을 서류 제출이 임박해서야 알게 된 것이다. 비자를 신청하려면 여권의 유효기간이 최소 6개월 이상 남아 있어야 했다. 여권은 일주일이면 다시 받을 수 있다고 해서 안심하고 있었는데, 알고 보니 영주권자에 한해서 그렇고 여행을 와 있는 상태에서는 본국에 신원 조회를 해야 하기 때문에 최소 2달이 걸린다는 것이다. 기적처럼 얻은 기회가 비자라는 복병 앞에서 사라지고 마는구나. 신이 나를 버렸다고 생각했다.

하지만 다시 정신을 차렸다. 어떻게든 방법이 있지 않을까, 지푸라기를 잡는 심정이 되어 백방으로 방법을 찾았다. 그러던 중 본국의 신원 조회가 오래 걸리는 이유는 처리 기간보다 대기 기간이 길기 때문이라는 것을 알게 되었다. 지인을 통해 한국 외무부의 여권 담당자에게 사정을 말해 2주 만에 지급받을 수 있었다.

놀라운 것은 미국에 들어올 때 공항 직원이 실수를 하여 덤으로 받은 한

달이 비자 만료 전에 새 비자 신청하는 데 결정적 도움이 되었다는 사실이다. 한국을 떠날 당시, 딸의 여권 문제로 고생을 했다. 미국에서 태어난 미국 시민권자가 한국에 입국한 기록이 없었기 때문이다. 한국 여권으로 출국하고 미국 여권으로 입국하는 우여곡절 끝에 미국 땅을 밟을 수 있었다. 내 운명을 가른 공항 직원의 실수는 LA공항에서 일어났다. 딸아이는 미국 시민권자라 입국 심사대가 나머지 가족과 달랐다. 하지만 딸은 영어를 한마디도 하지 못했으므로 공항 직원에게 양해를 구하고 우리 가족 모두 미국 시민권자 쪽 심사대에서 입국 수속을 했다. 미국 여권 1개와 한국 여권 4개를 받아 든 출입국 관리 직원이 화를 내며 신경질적으로 스탬프를 찍다가 7월 13일을 8월 13일로 잘못 찍은 것이다. 체류 기간이 정상적으로 찍혔더라면 미국의 교수 자리는 물 건너갔을 것이다. 군사작전을 방불케 하는 숨 막히는 과정 끝에 나는 극적으로 수업 시작 일주일 전에 O비자를 받을 수 있었다.

　미국에서의 내 커리어는 처음부터 쉽게 쌓인 것이 아니었다. 예기치 못한 곳에서 이대로 끝인가 싶은 순간과 마주쳤고, 모두가 불가능하다고 한 일에 매달려야 했다. 내가 원하는 것은 늘 가능한 범위를 넘어서 있었다. 하지만 나도 늘 남들이 가능하다고 말하는 범위를 넘어선 선택을 했다. 그리고 나는 그 선택의 결과와 고군분투하며 내 삶을 만들어 냈다. '노력하면 이루어진다'는 흔하디흔한 진리를 온몸으로 체험한 것이다.

너희를 최고로 만들 거야

내가 처음 가르친 과목은 학부 4학년과 대학원생의 산업디자인 전공 수업이었다. 두근거리는 가슴을 진정시키며 교실로 들어가니 십여 명의 학생들이 앉아서 떠들고 있었다. 그들은 조그만 동양인 교수가 들어오자 시큰둥한 표정을 지었다. 칠판에 한글, 한문, 영어로 내 이름을 쓰고 내 이름의 뜻을 알려주며 호기심을 끌었다. 이어 나의 이력을 설명하고 나서 내 수업은 죽을 각오를 해야 들을 수 있으며 자동차 디자인을 기본으로 한 운송 디자인을 가르칠 예정이니 관심 없거나 자신이 없는 학생은 나가라고 했다. 첫 만남부터 초강수로 시작한 것이다. 우습게 보이기도 싫었지만 내 실력에 그만큼 자신이 있었다. 강의 변경 기간 일주일 사이에 학생의 90%가 바뀌어 있었다. 진짜 자동차 디자인을 좋아하고 하고 싶어 하는 학생들로 채워진 것이다.

수업 첫날, 학생들의 실력을 알아보고자 내 수업의 전통인 스케치 테스트를 했다. 결과는 참담했다. 4학년 학생들과 대학원 학생들의 실력은 '기대 이하' 수준을 지나 '패닉' 상태였다. '이 일을 어이 할꼬.' 머리가 아파왔다. 그들의 스케치 실력과 자동차 디자인 감각은 예전의 나를 보는 듯했다. 아니, 훨씬 못했다. 그야말로 최악이었다.

나래디자인학원에서 디자인 실력이 없는 학생들을 가르친 경험이 있었기 때문에 어디서부터 가르쳐야 할지, 그들을 어떻게 다뤄야 할지 금방 감을 잡을 수 있었다. 문제는 기간이었다. 이 학생들에게는 한 학기 혹은 두 학기 정도의 시간밖에 없었다. 그 시간 동안 스케치도 가르치고, 기본 조형 감각과 디자인도 함께 가르쳐야 하는 이중고 아니, 사중고를 겪어야 했다. 그러나 한편으로 내가 가르칠 것이 많다는 점은 좋았다.

무엇보다 학생들과 신뢰를 쌓는 것이 중요했다. 나는 내 포트폴리오를 보여 주며 너희들도 이 이상의 실력을 쌓게 해 주겠노라 약속했다. 지금 그들이 믿을 수 있는 것이라고는 내가 아트센터에서 공부했다는 사실과 자동차 회사에서 쌓은 오랜 실무 경력, 내가 가르친 학생들의 결과물뿐이었다. 얼마나 많은 자동차 스케치를 그리고, 모델을 직접 깎고 다듬고 갈았는지 기억이 나지 않을 정도였다. 나는 모든 것을 학생들 앞에서 증명해 보였다. 내 능력과 실력을 확인하고 나서야 학생들은 나의 지적과 비평을 받아들였고, 곧 나의 지시에 일사불란하게 움직였다. 학생들이 나를 절대적으로 신뢰하기 시작한 것이다.

내 강의 목표는 4분의 1 스케일의 완성도 높은 콘셉트카 모델을 완성하는 것이었다. 자동차 디자인에는 문외한에 스케치 실력은 바닥, 게다가 그런 모델은 구경도 해 보지 못한 상태인 학생들과 함께하기에는 무모한 도전이었다. 어쩌면 나 자신을 최악의 상황으로 떨어뜨리는 지름길이 될지도 몰랐다.

나의 수업 방식은 독특했다. 전혀 경험하지 못했던 강의 스타일에 학생들은 당황했다. 그러나 이내 학생들은 흥분에 휩싸였다. 나는 흥미와 가능성을 심어 주면서 수업의 강도를 높이기 시작했다. 엄청난 양의 스케치와 스피드폼 과제를 내주어 밤잠을 잘 수 없게 했으며 급기야는 나도 학생들과 같이 밤을 새기 시작했다. 거의 한 학기 동안 같이 밤을 새며 일한 것 같다. 이곳에서는 수업이 끝나고 학생과 같이 학교에 남는다는 것은 상상조차 할 수 없는 일이다. 특별한 프로젝트나 연구에 관련되지 않고서는 강의에 관련된 일로 수업 시간 외에 교수가 학생들과 함께하는 경우는 없다. 하지만 나는 그들과 수업이든 방과 후든 시간을 가리지 않고 같이하고 함께 지냈다.

학생들은 하루가 다르게 일취월장하는 자신들의 실력에 놀라, 피곤이고 뭐고 다른 수업이고 뭐고 다 잊고 오로지 내 수업에 올인했다. 남학생들은 여자친구를, 여학생들은 남자친구를 다 잃었고 심지어 일자리에서 쫓겨난 학생도 있었다. 우리는 그렇게 미친 듯이 프로젝트를 진행해 나갔다.

우리는 그렇게 완성한 프로젝트를 교내에 전시하기로 했다. 작품뿐만 아니라 전시도 완벽하게 준비했다. 콘크리트 거푸집으로 쓰는 커다란 종이 원통을 이용하여 전시용 개인 테이블을 제작했고, 그 뒤에 잔구멍이 뚫려 있는 화이트보드를 병풍처럼 제작해서 그 위에 스케치를 붙였다. 또 원통 위에 검은 종이로 감싼 사각판을 올리고, 그 위에 완성도 높은 4분의 1 모델을 올려 전시해 놓으니 아트센터 학생 전시회에 뒤지지 않는 작품이 나왔다. 향상된 스케치 실력과 디자인 스킬, 그리고 그 실력으로 디자인하고 완성한 4분의 1 스케일 모델은 학교를 발칵 뒤집어 놓았다. 학생과 교수 간의 신뢰와 사랑에 열정이 더해져 결국 기적을 이루어 낸 것이다.

수업의 기적은 거기서 끝나지 않았다. 학생 중 한 명이 본인이 작업한 프로젝트 렌더링을 LA 오토쇼에서 주최하는 스케치 공모전에 제출했는데, 그것이 파이널리스트로 선정되어 LA 오토쇼에 초청받는 행운까지 얻었다. 학교 전시회가 끝나고 학생들은 이 수업의 결과물을 대외적으로 알리고 싶어 했다. 물론 나도 그것을 추진하도록 적극적으로 도와주었다. 마침 한 신문사에서 주관하는 국제 자동차 박람회 담당자가 관심을 가지고 연락을 해 왔다. 자동차 모델 사진을 보냈더니 바로 전시하겠다는 확답을 주었다.

이듬해인 2001년 2월에 노스캐롤라이나 주의 수도인 랄리에서 매해 2월에 열리는 '국제 자동차 박람회'에 전체 학생의 작품이 초대되어 가장 좋은 자리에 전시되는 극적인 상황까지 벌어졌다. 학장이 전시회에 참석하고 몇몇 TV 뉴스에 학생들의 작품이 소개되자, 방송국에서 학교에 인터뷰를 하러 오기도 했다. 미국에서 처음 시작한 수업의 결과가 주 전체를 떠들썩하게 하다니, 나 자신은 물론이고 학생들과 학교도 놀랐다.

눈물을 쏙 뺄 만큼 힘들었던 첫 학기 수업이 진행되는 기간 동안 학생들은 불만을 토로하기는커녕 학장에게 찾아가 나를 임용해 준 것에 대해 귀찮을 정도로 고마워했다고 한다. 그러면서 내가 무엇을 어떻게 가르쳤고 그 결과가 어떻게 나타났는지 낱낱이 중계했다는 것을 나중에 전해 들었다.

학생들이 몰려들기 시작했다. 내 수업을 들으려면 죽을 각오를 해야 한다고 소문이 났다. 미국 땅에서도 한국에서 터득한 독특한 교육 방법이 먹혀든 것이다. 당시 미국 교수들이 학생을 가르치는 방식은 나와 전혀 달랐다. 말 한 마디를 하더라도 무척 조심했고 학생들의 의견을 최대한 존중하며 칭찬을 많이 하는 식이었다. 강의 내용은 달라지지 않고 그동안의 가르침을 되풀이하는 식이라, 내가 보기에는 지루한 수업이었다.

예를 들어 두 학기 동안 스케치를 가르치는 클래스의 교수는 그중 한 학기를 투시도 원리를 가르치는 데 투자했다. 컴퓨터로 3D 렌더링*을 하는 시대가 왔는데도 그저 그동안 해왔던 대로 투시도의 원리를 가르치며 시간을 보냈다. 반면 나는 투시도 원리를 가르칠 때 소실점을 연결하는 법만 알려 주는 한 시간 수업으로 끝냈다. 또 이곳 교수들은 친절하게도 자신들의 지식을 전부 알려 주려고 했는데, 그것이 학생들의 실력 향상에는 오히려 걸림돌이 되었다. 못하는 부분을 지적하지 않고 학생들이 어려워한다고 해서 다 도와주면 당장은 도움이 되는 것 같아도 결국에는 독이 되어

---

* 3D rendering. 실제로 컴퓨터 프로그램을 이용하여 입체적 형상을 제작한 후 그 위에 사실적 표현을 하는 방법.

국제 자동차 발람회에 전시된 노스캐롤라이나 주립대 학생 작품
위는 2001년, 아래는 2002년의 사진

학생들에게 돌아간다.

나의 강의는 직설적이었다. 나는 학생들의 잘못된 부분을 지적해 주고 보완해야 될 점이 무엇인지 알려주었지만 그것을 해결하는 방법에 대해서는 절대 알려 주지 않았다. 방향을 제시하되, 정답은 알려 주지 않고 학생들이 직접 해결하도록 한 것이다. 4학년이고 대학원생이고 열심히 하지 않으면 무조건 F학점을 주었다. 특별한 사정이 없이 3번 결석해도 가차 없이 F를 줬다. 학생들은 목숨을 걸고 내 수업을 따라올 수밖에 없었다.

나는 학생들을 가족처럼 생각했다. 학생을 진정으로 아끼고 사랑하는 마음을 전달하고 그들 스스로 서게 하고 싶었다. 그들의 장래를 진정으로 걱정했기 때문에 지금 피눈물을 흘리더라도 독하게 지적했다. 어려운 과제를 떠맡기고 할 수 있을 때까지 지속적으로 방향을 잡아 주려고 노력했다. 매 학기 학생들의 교수 평가가 실시되는 현실을 생각하면 쉽지 않은 교육 방법이었다. 하지만 나는 학생들의 평가에 개의치 않았다. 내 독설과 혹독함은 그 당시에 학생들을 울렸지만, 결국 마지막에 웃는 것 또한 그들이었다.

이듬해 5월 노스캐롤라이나 주립대 교수로서 첫 번째 졸업식을 치렀다. 학부형들이 벌 떼같이 몰려와 나를 끌어안고 사진을 찍었다. 그들은 내게 고마움을 표했다.

"내 자식이 대학에 와서 이렇게 열심히 하는 것은 처음 봤습니다. 처음으로 등록금이 아깝지 않았습니다. 덕분에 취직도 했어요. 고맙습니다."

어리둥절하여 같이 사진을 찍고 인사를 나누었다. 이곳 학생들은 졸업식 때도 그렇고 교수들하고 거의 사진을 찍지 않는다는 점을 생각해 보면 당시 나의 인기는 하늘을 찌를 정도였다. 나는 그 기쁨을 한껏 만끽했다. 미국에 올 당시만 해도 이런 결과는 상상조차 하지 못했다.

스스로의 실력을 믿을 수밖에 없었고 믿고 있긴 했지만 고민과 걱정이 없지는 않았다. 십 년 동안 나래디자인학원 밖에서는 영어를 쓸 기회가 없었는데 영어로 학생들을 가르칠 수 있을까, 기본이 되어 있지 않은 학생들에게 이 어려운 자동차 디자인을 가르쳐 좋은 성과를 낼 수 있을까, 한국과는 사정이 다른데 학생들이 잘 따라올까……. 수많은 고민이 머릿속을 헤집고 다녔다. 하지만 그것은 모두 기우였다. 그동안 쌓아온 실무 경력과 강의 경력은 언어의 장벽과 문화의 장벽을 넘을 수 있도록 도와주었다. 그리고 학생을 사랑하는 진정성과 그들을 도와주려는 노력은 세련된 언어가 없이도 학생들에게 전달되어, 학생들의 열의를 이끌어 내고 그들을 움직였다.

미친 상상으로 나무 스포츠카를 완성하다

내가 더 유명해진 것은 내가 가르친 '조 하먼'이라는 학생이 만든 나무 스포츠카 스플린터Splinter 가 유명세를 타면서부터이다.

2004년, 나는 자동차 디자인에 미친 조와 만났다. 그의 아버지는 의사였고, 삼촌은 노스캐롤라이나 주립대의 건축과 교수였다. 조는 착하고 노력하는 학생이었지만, 내 수업을 따라오는 것을 매우 버거워했다. 감각도 그리 좋지는 않았다. 그러나 나를 믿고 내 수업을 들을 수 있는 만큼 들었다. 여름 학기며 정규 수업이며 족히 4번 이상은 들었을 것이다. 그는 초반에는 헤맸지만 4학년이 되면서 실력이 급속도로 향상되기 시작했다.

어느 날, 그가 나에게 전체를 다 나무로 만든 자동차를 어떻게 생각하느냐고 물었다. 그런 자동차를 디자인하고 만들겠다는 것이었다. 평소 황당한 생각을 존중하는 나이지만 '무리이지 않을까?' 하는 생각이 들었다. 일단 재료와 설비가 학생이 감당하기에는 벅차 보였다. 하지만 그는 포기하지 않고 먼저 자동차 휠을 나무로 만들기 시작했다. 여러 조각의 나무를 접착제로 접합시키는 방법으로 제작했다. 그 과정에서 접착제 회사를 스폰서로 삼아 제작용 나무와 접착제를 제공받았고, 라스베이거스에서 열린 가구 제작용 설비 전시회에서 전시를 하는 기회를 얻었다. 그것을 계기로 조는 본격적으로 집과 몇 군데 회사로부터 지원을 받아, 모델 제작을 할 수 있는 장소와 설비를 자신이 직접 꾸미고 제작하여, 전 과정을 인터넷을 통해 24시간 생방송했다. 조는 디자인 렌더링을 나에게 보여 주었는데, 디자인이 혁신적이지는 않았다. 실제 나무로 만든다는 것을 전제로 진행했기 때문에 디자인이 제한적일 수밖에 없었다. 그렇게 디자인과 모델이 진행 중이던 2007년 12월 말에 전화가 왔다. 지금 너무나 어려운 부분에서 도저히 해결 방법을 찾을 수 없다고 긴급히 도움을 청했다. 그의 작업실에 가서 문제의 부분을 살펴보았다.

C필러와 뒤에 위치한 엔진룸 커버가 만나는 부분으로, 여러 개의 면이 겹쳐지는 난관이었다. 그곳을 나무로 제작하다 보니 면이 자연스럽게 처리되지 않아 문제였다. 도색 상태에서는 확인이 쉽지만, 나무인 상태에서 불가능했다. 그럴 때는 알루미늄 쿠킹 호일에 살짝 스프레이 풀을 뿌린 후, 부드러운 고무 스퀴즈*로 밀어서 표면에 잘 접착시키면 된다. 알루미늄 호일 겉면에 비치는 형광등의 불빛 모양으로 표면을 정확하게 확인할 수 있는 것이다. 옛날, 금형을 제작하기 전에 나무로 '마스터 몰드**'를 제작하고 나서 최종 표면 처리를 체크할 때 쓰던 방법이었다. 나는 가장 어려웠던 부분을 해결해 주고 여러 군데 디테일한 조언을 했다. 그리고 내게 수업을 받고 있는 학생들을 데려가 견학도 시켜 주었다.

---

* 고무 날로 유리의 물 때를 제거하는 청소 도구.
** master mold. 거푸집.

177

나무로 만든 스포츠카 스플린터 렌더링 (Designed by Joe Harmon)

그렇게 완성된 스플린터는, '캐딜락' 엔진을 개조하여 장착한 것과 변속기, 배기통을 제외하고는 서스펜션까지도 전부 나무로 제작되었다. 덕분에 무게가 줄어 '포르쉐'보다 빠른 속도를 낼 수 있는 차로 완성됐다.

영국의 자동차 전문 잡지에서 이 차의 기발함을 알아보고 소개하기 시작하여 순식간에 전 세계의 주목을 받았다. 그 누구도 감히 도전하지 못했던 나무로 만든 스포츠카의 탄생이었다. 미친 생각이 혁신적인 결과로 전환되는 순간이었다. 이것이 바로 대비의 미학인 것이다.

지금 시대에 자동차를 나무로 제작한다는 것을 정상적인 생각으로 받아

스플린터 모델(Designed by Joe Harmon)

들일 수 있는 사람이 과연 우리 주변에 몇이나 될까. 하지만 조 하먼은 해냈고 세계적인 주목을 받았다. 자신의 꿈을 실현시킴으로써 주변 사람들을 놀라게 했고, 불가능하다는 생각을 가능한 현실로 증명해 보임으로써 '미친' 꿈을 가진 다른 사람들에게 희망을 주었다.

다음 수업까지 스케치 100장!

짧은 시간 안에 모두가 놀라는 결과를 낼 수 있었던 것은 학생들의 열정과 끈기라는 엔진이 있었기 때문이다. 하지만 그 힘이 굴러가는 밑바탕에는 혹독한 가르침이 있었다. 내가 사회생활을 하면서 몸으로 경험하여 얻은 결과를 효율적으로 수업에 적용한 것이 유효했다. 미국 디자인 대학 학생들의 스케치는 몇몇 학교를 제외하고 한국에서는 상상할 수 없는 수준이다. 미국 학생들이 가장 어려워하는 부분이 투시에 맞게 입체로 그리는 것이다. 원과 타원이 가장 난코스며, 특히 타원을 투시에 맞게 적용하는 것을 힘들어한다. 정면이나 측면에서 투시도로 그리면 원의 모양은 타원이 되는데, 각도와 눈높이에 따라 바뀌는 타원을 정확히 그려 넣으려면 많은 시간 연습을 해야 한다. 또 스케치나 그림을 그려 본 경험이 많지 않기 때문에 선이 일정하지 않아 스케치가 지저분하게 보인다.

디자인에 기본이 되는 스케치 실력이 바닥인 학생들을 가르치는 데는 '다음 수업까지 스케치 100장 과제'를 내주는 것이 가장 효과가 좋았다. 내가 해 봐서 잘 알지만 이건 정말 무모한 양이다. 그것도 투시 아이디어 스케치*를 100장 하기는 정말 힘들다. 만약 100장을 다 하지 못하면, 못한 양의 두 배를 다음 시간 과제로 내주었다. 힘겹게 과제를 해온 뒤에는

---

* perspective idea sketch. 눈에 보이는 것 같이 입체적으로 그리는 스케치.

눈물을 쏙 빼는 비평이 기다리고 있었다. 내 수업을 거쳐 간 학생들의 눈물을 잊을 수가 없다. 자신이 밤새워 열심히 해 온 과제가 온통 실수투성이라고 지적하니, 어찌 억울하고 슬프지 않겠는가? 신기하게도 지적하기 전까지는 자신의 실수가 전혀 보이지 않는 모양이다. 그것을 보기까지 한참이 걸리고, 실수를 고치는 데도 꽤 긴 시간이 필요하다. 그리고 그리면서 옳은 방향으로 수정하는 데 또 그 정도의 시간이 필요하다. 따라서 자신의 아이디어를 개발시키는 과정을 제외하고 오로지 스케치 기술을 가르치는 데만 1년이 넘는 시간이 걸린다. 거기다 각종 재료 사용법과 질감 표현 등을 익히는 동안 학생들의 눈물은 마를 날이 없었다.

특히 잘하는 학생에게는 그만큼 더 혹독하게 안 좋은 부분을 지적했다. 아무리 잘하는 사람이라도 100장 안에는 잘못된 것이 있기 마련이다. 반대로 아주 못하는 학생에게는 잘한 것을 칭찬을 했다. 매우 독창적인 스케치라고 칭찬하고 그것을 발전시켜 다음 주에 가져오라고 다시 내주는 식으로 능력을 향상할 수 있게 도왔다. 이렇게 하면, 엄청난 스케치 양을 소화하면서 손이 머리를 따라가게 된다.

지금은 이 교육 방법을 사용하지 않고 있다. 학생들이 전공과목 과제를 할 시간과 일할 시간을 확보해 줘야 하기 때문이다. 대신 실무 경험과 교육 경험을 토대로 새롭게 고안한 방법으로 가르치고 있는데, 매우 효율적이고 효과적이다.

과제는 한 번에 2장뿐이다. 제품을 하나 준비해서 10분 동안 관찰하도록 시킨다. 그 제품의 특징과 비율을 잘 살피게 하고, 그것을 이해하고 정보를 외우게 한다. 그런 다음 15분에 걸쳐 그 제품을 보지 않고 그리게 하는 것이다.

두 눈을 통해서 들어오는 정보는 사실과 다르기 때문에 사물을 보고 그려도 처음에는 다 틀리게 되어 있다. 특히 미국 학생들은 디자인학과를 들어오기 전에 학원이나 과외로 스케치를 배우는 경우가 거의 없다. 학교 수업 시간에 조금 배우거나 취미로 연습하는 정도가 고작이기 때문에 결과는 당연히 엉망이다. 사자를 그리면 개가 되고 개를 그리면 괴물이 된다. 보고 그리면 똑같아야 하는데 왜 매번 다른 그림이 될까? 머리는 크고 몸통은 찌그러지고 다리 길이와 크기가 매번 달라지는 이유는 무엇일까? 간단하다. 왼쪽 눈에 보이는 모양과 오른쪽 눈으로 들어오는 정보가 다르고, 가까운 데 있는 것과 먼 데 있는 형태의 크기를 구분하지 못하기 때문에 실제와 다른 것이다.

다시 10분의 시간을 더 주고 제품을 관찰하게 한다. 그리고 아까 그린 스케치를 수정하도록 시킨다. 보지 않고 그릴 때 어떤 정보가 더 필요한지를 경험하게 하는 것이다. 그리고 다시 같은 제품을 10분간 더 관찰하게 하고 이번에는 안 보는 것을 기본으로 하되, 생각이 나지 않으면 언제든 보게 한다. 이런 방법으로 제품 5개만 연습하면 기적이 일어난다.

디자이너는 디자인을 할 때, 무언가를 보기도 하지만 그보다 상상해서 하는 것이 대부분이다. 없는 것을 보지 않고도 그릴 수 있어야 한다. 나는 자동차를 스케치할 때 보고 그리는 것이 아니라 머릿속에 기억되어 있는 정보에 의존하여 그린다. 제품의 외형을 기억하고 전체의 비율을 이해한 뒤 그 속의 디테일을 더듬어서 스케치를 한다. 투시도의 간단한 원리를 적용해 그림 전체를 자신이 보고 기억한 것처럼 그리면, 보고 그리는 것보다 훨씬 정확한 투시도가 된다. 다양한 각도의 변화도 외워서 투시 원리에 맞게 그리는 것이 훨씬 정확하고 그리기 쉽다.

조금 과장해서 나는 눈을 감고도 자동차 투시 스케치를 2, 3분 안에 그릴 수 있다. 보지 않고, 상상한 것을 바로 그리면서 디자인을 한다는 뜻이다. 하도 많이 그려서 그 원리를 아예 외우고 있기 때문에 가능한 일이다. 바로 여기가 포인트다. 오랜 세월을 통해 터득한 사실을 몇 주 만에 따라잡게 하는 방법이다. 가장 중요한 것은 보여주고 싶은 바를 '어떻게 정확하게 표현할 것인가.'이다.

사물을 기하학적 모양으로 전환해서 사물에 대한 기억을 단순화시키는 훈련도 중요하다. 제품을 보지 않고 그리려면 비례와 디테일을 이해하고 외워야 하는데, 처음에는 짧은 시간에 그것을 외우기 쉽지 않다. 외우더라도 종이에 옮기면 각도, 비례와 비율이 잘 맞지 않는 경우가 많다. 그래서 전체 모양을 기하학적 모양으로 단순화해서 조합하여 쉽고 효율적으로

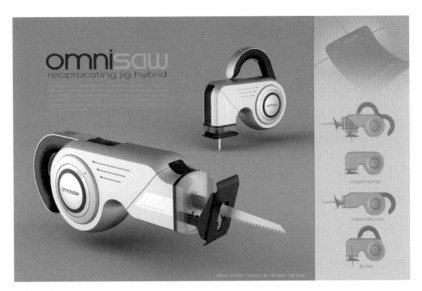

다용도 파워 톱(Designed by Ethan Evans, 2012)

기억하고 표현하도록 훈련시킨다. 정육면체, 직육면체, 삼각뿔, 원기둥, 공
모양 등으로 단순화시킨 다음 그 위에 디테일을 첨가하는 것이다. 외워야
하는 정보의 양을 줄이고 표현할 때의 어려움도 쉽게 극복할 수 있는 방법
이다. 이렇게 하면 자동차 스케치도 박스 2개를 얹어 놓은 모양으로 시작
해서 쉽게 그릴 수 있다. 원과 타원형 모양을 각도별, 크기별로 그리는 연
습을 많이 하면 더 도움이 된다.

보지 않고 그림을 그리는 것보다 이 과정을 먼저 하는 편이 논리적이지
만, 나는 경험상 순서를 바꾸어 주문한다. 영어 독해 시험을 볼 때의 요령
과 비슷하다. 문제를 먼저 읽고 본문을 보면 필요한 것이 무엇인지 알 수

있어 본문을 한 번만 읽어도 답을 얻기 쉽고, 시간도 절약할 수 있다.

실력 있는 디자이너의 스케치를 정확하게 카피해 보는 것도 훌륭한 연습이 된다. 그 과정을 통해 그들이 쓰는 선과 표현 방법의 디테일을 경험할 수 있기 때문이다. 다른 디자이너들이 수년에서 수십 년에 걸쳐 발전시킨 테크닉을 몇 주 만에 마스터할 수 있는 방법이다. 백그라운드 처리법, 레이아웃, 화면 구성법과 재료를 적시적소에 사용하는 법, 투시도의 다양하고 효율적 적용 방법 등 혼자 쌓는다면 5년 이상 걸릴 것을 단기간에 습득할 수 있다. 물론 자기 것으로 완전히 소화하려면 지속적인 연습이 오랫동안 병행되어야 한다.

스케치만으로는 디자인 감각을 키울 수 없다. 그것을 직접적으로 표현해 보는 것도 중요하다. 그래서 나는 노스캐롤라이나 주립대에서 12년 동안 학생들과 '크롬* 로봇 렌더링 프로젝트'를 진행하고 있다. 동물을 단순화시켜 로보트로 변형하여 크롬 질감의 로봇으로 렌더링하는 것이다. 개성 있고 멋진 포즈를 가진 동물 이미지를 골라 스케치로 형태를 단순화한다. 그리고 로봇처럼 만들어 여러 재료를 사용하여 완성시킨다. 15주 한 학기 동안 10주 연습 5주 완성을 목표로 하는 이 프로젝트를 하고 나면 학생들의 실력이 부쩍 늘어 있음을 실감할 수 있다. 스케치의 '스'자도 모르던 학생이 불과 한 학기 만에 놀랄 만한 성장을 하는 것이다.

---

* 표면이 매끈하고 반짝이는 금속.

학생들이 완성한 크롬 로봇 렌더링

위는 나무늘보, 아래는 가오리

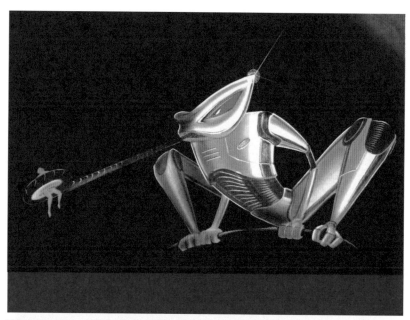

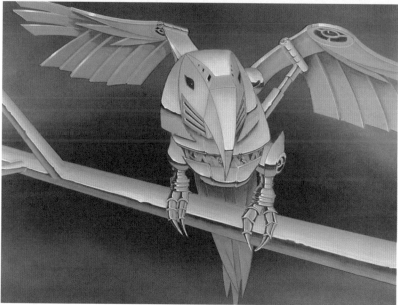

학생들이 완성한 크롬 로봇 렌더링
위는 개구리, 아래는 밍무새

학생들이 제작한 스피드폼

학생들의 실력 향상을 위해 초기에는 한 학기를 통째로 스피드폼 프로젝트에 쏟기도 했다. 창의적이고 속도감 있는 모델을 만들고 하이라이트를 고려하여 아름다움을 구현하는 작업이다. 형태와 면을 잘 조화시켜 아름다운 입체 모형을 제작한다. 2차원적인 스케치를 3차원의 형태로 발전시키면서 조형 감각을 익힐 수 있는 중요한 과정이다.

이를 위해 학생들을 재우지도 않고 자동차의 4분의 1 크기로 스피드폼을 제작시켰다. 스티로폼을 사용하여 기본 형태를 디테일하게 만들고 그 위에 석고를 덮어서 다시 형상을 찾아가는, 정말 무식한 방법을 동원했다. 우선 스티로폼으로 제작하여 그 과정에서 나타나는 형태와 면의 변화를

스피드폼을 바탕으로 한 콘셉트 디자인

경험한다. 그리고 사포질을 통해 표면의 미세한 변화를 확인한다. 그리고 석고를 덮어 새롭게 시작하는 형식으로 이전 형태와 면을 찾아가게 하고 그 위에 페인트를 칠한다. 이 과정을 통해, 모양과 표면을 얼마나 정교하게 처리해야 정확하고 아름다운 하이라이트를 얻을 수 있는지를 알 수 있다. 표면과 코너의 곡면이 전체 결과에 끼치는 영향이 얼마나 큰지를 깨닫고 나면 다양한 스킬을 적용하여 면을 자연스럽게 변화시킬 수 있다. 이 모델을 하나 제작함으로써 향후 디자인을 하는 데 가장 중요한 스타일링의 기본을 터득할 수 있는 것이다. 지금은 10분의 1로 스케일을 줄여 잠도 잘 만큼 자 가며 3주 만에 완성할 수 있도록 진행하고 있다.

BMW, 포르쉐, 폭스바겐, 혼다 등 지나가기만 해도 어떤 회사의 차인지를 알 수 있을 만큼 강력한 브랜드 아이덴티티를 가지고 있는 차들이 있다. 잘 만들어진 브랜드 이미지는 상품의 가치를 높인다. 예전에는 한국 자동차 회사만의 아이덴티티가 없었다. 그러나 요즘 들어 현대가 육각 라디에이터 그릴*과 역동적인 플루이딕 스컬프처**를 전 차종에 적용함으로써 새로운 현대의 고유 브랜드를 만들어 나가고 있다. 기아도 호랑이 이빨 모양의 라디에이터 그릴과 유럽풍의 심플한 면 처리로 회사의 브랜드를 잘 적용하는 등 이미지 변신을 시도했다. 이렇게 브랜딩을 진행함으로써 한국

- hexagonal radiator grille. 엔진 냉각을 하기 위한 육각형 모양의 공기흡입구.
- fluidic sculpture. 물결의 모양을 형상화하여 적용한 유연하면서 역동적인 모양.

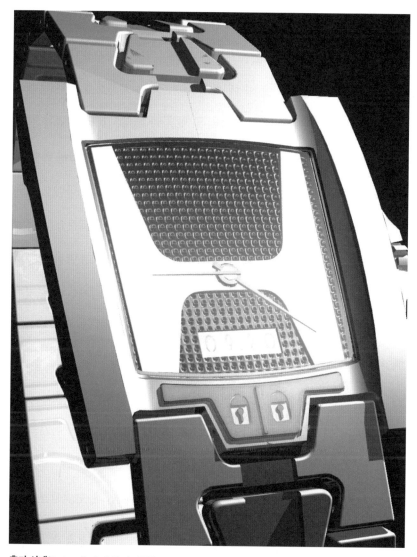

혼다 시계(Designed by Derik Harris, 2006)

자동차의 수준이 달라지고 있다.

　이처럼 많은 기업에서 자신들만의 브랜드 이미지를 유지하기 위해 노력하고 있다. 따라서 디자인을 할 때 파격적인 생각을 제품으로 만드는 것만큼 그 회사의 브랜드 이미지를 유지하는 것도 중요하다. 이런 생각을 심어주고 브랜딩 디자인을 훈련하기 위해 나는 '브랜딩 수업'을 진행하고 있다. 우선 개성이 강한 제품을 선정한다. 그리고 그 회사에서 전혀 상품으로 개발하지 않는 아이템을 찾아내 그 회사의 이미지를 가진 제품으로 새롭게 만들어 내는 수업이다. 예를 들면 애플의 브랜드 이미지를 표방한 자동차를 디자인하거나 혼다의 브랜드 이미지를 가진 시계를 디자인하는 것이다. 이런 과정을 통해 제품의 특징을 새로운 제품에 응용할 수 있는 능력이 배양된다.

　그 밖에도 스피드폼을 이용해 미래 지향적인 제품으로 변형시키는 과정을 가르치기 위해 콘셉트 디자인 프로젝트를 진행하기도 했다. 현재의 모습과 전혀 다른 제품으로 재해석하여 혁신적인 디자인으로 바꾸는 과정에서, 디테일의 중요성과 혁신적인 디자인을 경험할 수 있다. 초기의 스피드폼은 당연히 자동차나 보트 그리고 비행기나 우주선 등 다양한 운송기기로 전환했다. 그러나 지금은 혁신적인 가습기, 커피메이커, 헬멧, 세탁기, 라우터, 스피커, 전자레인지 등 다양한 제품 디자인으로 전환시켜서 좋은 결과를 얻고 있다.

스노모빌(Designed by David Eidson, 2012)

커피메이커(Designed by Wasley Hare, 2012)

예를 들어 커피메이커로 콘셉트 디자인 프로젝트를 한다면, 커피메이커를 염두에 두고 아이디어 스케치를 전개하고 그중에서 고르는 것이 아니라, 커피메이커를 전혀 염두에 두지 않은 개성 있고 독특하고 아름다운 형상을 디자인한 다음 그것을 커피메이커로 전환시키는 것이다. 이 방법으로 예측할 수 없는 혁신적인 디자인을 얻을 수 있다.

이 프로젝트는 기존 제품의 문제점을 도출하고 그것을 해결하는 방식으로 진행한다. 문제점을 어떻게 새롭게 해석하고 해결하는지가 포인트다. 어떤 문제점이 있다는 사실을 부각시키는 것도 중요하지만 '어떻게 해결하는가'와 어떻게 '미친 생각을 최대한 수용하고 해결해 나가는가'에 관한 연습도 부단히 시킨다.

이렇게 다양한 방법을 통하여 학생들을 가르치고 훈련시킬 때, 그들은 뛰어난 디자이너로 성장해 나간다.

단순함이 주는 아름다움

학생들은 대부분 자신이 필요한 물건을 살 때는 심플하고 멋있는 제품을 구입한다. 하지만 아이러니하게도 정작 직접 디자인을 할 때는 복잡하고 조잡하게 진행한다. 이것저것을 추가하고 형태에 변화를 주면, 자신이 무엇인가 하고 있다고 착각을 하게 되는 모양이다. 그러나 복잡해 보이는 디자인은 핵심 요소가 강조되지 않았다는 뜻으로, 시간이 지나면 지겨워진다.

한 대형 호텔에서 에스컬레이터 좌우에 있는 벽의 한쪽은 학생들, 다른 한쪽은 전문가에게 작품을 의뢰했다. 학생들은 벽을 다 채우기 위해 다양한 모양으로 복잡하게 디자인했고, 전문가는 큰 벽에 몇 개의 기하학적인 모양으로만 디자인했다. 경험이 없는 학생들은 그 큰 면을 채우기에 급급한 데 반해, 전문가는 비우려고 최선을 다한 것이다.

결과는 이랬다. 학생의 작품을 감상한 호텔 고객들은 그 복잡한 작품이 무엇을 얘기하는지를 쉽게 찾지 못하고 금방 싫증을 냈다. 그러나 전문가의 작품을 보면서는 '저 원은 무엇을 의미할까? 저 삼각형은 도대체 무엇을 상징하고 있는 것일까?' 하는 궁금증과 볼 때마다 다르게 보이는 묘한 끌림을 느꼈다. 자신을 비움으로써 고객의 생각을 불러와 채우는 경지, 단순함이 주는 아름다움의 가치. 이는 생각처럼 쉽게 터득할 수 있는 것이 아니다. 수많은 시행착오를 통해서 나온 경지이다.

이처럼 디자인에서 형태의 아름다움은 대부분 기하학적인 것에 근거하고 있다. 심플하면서 미니멀한 디자인에 최신 기술로 무장되어 있다면 판매는 보장되는 것이다. 정·직육면체, 삼각뿔, 원기둥, 구, 프리즘 형태의 조합을 기본으로 하는 디자인 감각을 훈련해야 한다. 표면과 모서리에 적

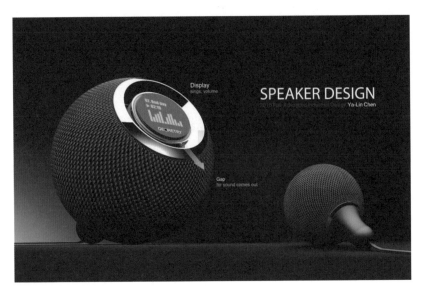

컴퓨터 스피커(Designed by Ya-Lin Chen, 2010)

용되는 곡면 처리의 중요성을 배울 수 있으며, 디테일한 표현 능력과 다양하고 창의적인 아이디어를 단순한 형태에 적용시킬 수 있는 감각을 훈련시킨다. 기하학적 모양의 디자인 적용 훈련은 단순한 아름다움의 가치를 터득하는 데 필요한 시간을 줄이기 위한 훈련 방법이다.

단순하고 간단한 디자인의 대표적인 상품 중에 하나는 아마도 훌라후프일 것이다. 나는 영화를 통해서 그것이 개발되기까지의 과정을 봤는데 픽션이었지만 꽤나 재미있었다. 영화 제목은 '허드서커 대리인The Hudsucker Proxy'이다.

지방 대학을 졸업한 주인공은 아이들을 위한 제품 아이디어를 가슴에 소중하게 품고 상경한다. 그 물건의 디자인이라곤 종이에 그려진 동그라미가 다였다. 아무도 그의 아이디어와 이야기에 귀를 기울이지 않았고, 그가 할 수 있는 일이라고는 사내 우편배달 정도였다. 이야기는 그가 일하게 된 허드서커라는 회사의 회장이 자살을 하면서 본격적으로 시작된다. 회장이 죽고 나자 회사의 주식은 폭락했다. 회사를 가로채려는 무리들은 순진한 주인공을 사장으로 선임하여 절대로 성공할 수 없는 상품을 개발하도록 음모를 꾸민다. 그들은 주인공을 부추겨 그가 평소에 개발하려고 했던 물건인 훌라후프를 개발하도록 부추긴다. 하지만 그 결과는 모두의 예측을 빗나갔다. 창사 이래 최고의 이윤을 낸 것이다.

학생들에게 단순한 디자인이 왜 중요한지에 대해 이야기할 때, 늘 이 이야기를 예로 든다. 종이 한 장에 원을 그리게 하고, 이것이 상품화가 되면 정말 많이 팔릴 수 있는 제품이라고 생각하는지 질문을 던지는 것이다. 여기에 내가 학생들에게 자주 하는 이야기의 핵심이 있다. 그 누구도 종이에 그려져 있는 '원' 하나가 세상을 바꿀 상품이 되리라고는 생각하지 못한다. 이유는 간단하다. 너무나 단순하기 때문이다. 이것이 회사를 망하게 하는 의도가 있었기에 개발할 수 있었지, 정상적인 상황에서 이루어지기는 어려웠을 것이다.

이런 단순한 물건을 상품화하기 위해 회사가 리스크를 감당하지 않으려는 것이 현실이다. 사람들은 단순한 모양과 아이디어의 가치를 알아보는 데 무지하거나 인색하다. 뭔가 덕지덕지 달려 있어야 디자인 일을 한 것 같다거나, 좋은 물건은 복잡해야 한다는 선입관에 빠져 있는 것이 보통이다. 하지만 이런 선입관을 버리고 그 반대의 미친 생각을 할 때, 세상을 열광시키는 제품이 탄생한다.

진심과 진실은 어떤 시련에도 흔들리지 않는다

지금까지의 말만 들으면 내가 열과 성을 다해 학생들을 가르치며 승승장구한 것으로 보일지도 모르겠다. 그러나 빛나는 결과 뒤에는 내 자리를 위협하는 암투가 있었다. 사십 대 중후반의 나이에 학생들과 밤을 새며 수업에 매달린 일보다, 학과장과 다른 교수들의 견제가 견디기 힘들었다.

한참 학생들을 가르치고 있을 때, 학과장이 나에게 백만 달러가 넘는 교통 시스템 공모전을 같이 하자고 제의를 해왔다. 대중교통 수단을 효율적으로 연계시키는 내용으로, 디자인 분야에 이렇게 큰 상금이 걸린 적이 없을 정도로 전무후무한 대형 프로젝트였다. 매혹적이었다. 나는 갈등에 빠졌다. 왜 그렇지 않았겠는가. 이 프로젝트가 성공하면 학교에 엄청난 파장을 일으키며 나를 확실하게 각인시킬 수 있다. 하지만 이 프로젝트에 참가하면 양질의 수업과 학생들을 포기해야 했다. 게다가 나를 임용하는 데 지

대한 역할을 한 학과장의 제안인지라 무작정 거절할 수도 없었다. 어떻게 해야 할지 주저하고 있을 때, 학과장이 신청서를 가져왔다. 그런데 거기에 내 이름은 없었다. 학과장의 이름만 올라 있고 나는 팀원으로 이름도 올릴 수 없는 신청서였다. 그것을 본 순간, 학과장의 미움을 사더라도 더 이상 엮이지 않아야겠다고 결심했다. 나는 학생들 가르치기도 바쁘다며 차일피일 신청을 미뤘고 결국 그렇게 신청 마감 기한이 지났다. 학과장도 자신이 혼자서는 할 수 없는 프로젝트였기 때문에 결국 참가하지 못했다.

처음에는 친절하게 대해 주던 학과장은 그 이후로 태도가 돌변하여 내가 하는 일에 죽자고 반대를 하기 시작했다. 내 실력을 검증받은 다음 학기부터 학생들이 나에게 몰리자 그는 더 노골적으로 내 일을 반대했다. 노스캐롤라이나 주립대 산업디자인학과의 교수진은 모두 학과장이 가르친 제자들이고 자신의 영향력 아래 있는데 내가 말을 안 듣는다고 생각한 모양이었다. 그는 자신이 가르친 제자들 수업에는 학생이 몇 명 되지 않고 힘을 쓰지 못하자, 학생들을 일일이 만나 내 수업을 듣지 못하게 종용하기도 했다. 학생들로부터 그 사실을 전해 듣고 몹시 기분이 상했지만 별다른 대처 방법도 없었다.

한 학기가 지나서부터 나는 학생들뿐 아니라 학장에게도 떠오르는 기대주로 부상했다. 정말 운 좋게도 2000년까지 '디자인 학부(School of Design)'였던 것이 2001년부터는 '디자인 대학(College of Design)'으로 승격되어 정원이 한 자리 비었다. 학장은 나에게 그 자리에 테뉴어 트랙* 교수로 올 것을 제의했다. 처음 계약할 당시 그냥 교수가 된 줄 알았는데, 나중에 알고 보니 방문 교수 신분으로 1년만 임시로 계약한 것이었다. 어쩐지, 별다른 테스트 없이 너무 쉽게 됐다 했다. 어쨌든 내가 교수직에 지원한 것이 아니라 학교에서 스카우트 제의를 받은 셈이다.

문제는 그것을 학과장이 처리하면서 나타났다. 학과장의 철저한 응징이 나를 기다리고 있었던 것이다. 분명히 나와 학장, 학과장 셋이 모인 자리에서 나를 부교수로 바로 임용하는 데에 합의를 보고 악수를 나누었다. 미국에서 악수는 계약과 동일한 의미이기에, 나는 하늘을 나는 듯한 기대감으로 계약서를 기다리고 있었다. 하지만 학과장은 차일피일 미루며 부교수 계약서가 아닌, 기간이 1년으로 된 계약서를 가져왔다. 그리고 이전 계약서의 기간이 1년이었기 때문에 비자 기간도 1년밖에 받지 못해 갱신을 해야 했는데, 학과장은 비자 담당 직원과 담합하여 비자도 J비자로 바꾸라고 종용했다. 나는 계약서에 사인하기를 계속 거부했고 학과장은 계속해서 급여를 올리고 직위를 높이면서 1년으로 계약하자며 사인을 요구했다.

사태의 심각성을 알아차린 나는 그가 준 터무니없는 계약서를 가지고 학장에게 자초지종을 설명했다. 학장은 매우 화를 내며 처음에 나를 도와

---

* Tenure Track, 대학에서 종신재직권을 보장해 주는 제도로, 교수로 임용된 후의 연구 실적이나 강의 능력을 심사하여 결정한다.

주었던 재정 담당자를 불러, 당장 학과장을 내 임용 라인에서 제외시킬 것을 지시했다. 그러는 사이에 나의 비자 기간은 끝나가고 있었다. 학과장은 그 틈을 타 학장을 설득하여 나를 부교수가 아닌 조교수로 임용하고 급여도 더 낮게 조정한 계약서를 내밀었다. 정말 어처구니없는 상황이었지만 더 이상은 사인을 하지 않고 버틸 재간이 없었다.

학과장의 갖은 방해와 비방에도 나는 다른 교수들의 실력을 비방하거나 그들의 약점을 들추지 않았다. 그런 행동 자체가 매우 치졸하고 저차원적인 대응이라는 생각이 들었고 '절대 다른 교수를 비방하거나 우습게 보지 않는다.'라는 내 신념과도 맞지 않았기 때문이다. 오히려 다른 교수들의 좋은 점을 칭찬하고 학생들을 가르치는 데만 전념했다. 그렇게 시간이 지나면서 모든 것은 서서히 바뀌어 갔다. 학생들은 수시로 다른 교수들을 찾아가 내가 수업 시간에 내준 과제에 대해 물어보면서 들은 얘기를 전달해 주었다. 다른 교수들은 점점 내가 적이 아니라 동지라고 생각하게 되었고, 견제와 방해는 차츰 줄어들었다. 그리고 훗날 테뉴어 심사 때는 주변 교수들의 전폭적인 지지를 받을 수 있었다.

학과장의 위선과 거짓은 나의 임용 사건을 시작으로 서서히 드러나기 시작했다. 학과장에게 배웠던 대학원생들이 내 수업을 받으면서 그동안 그가 얼마나 엉터리로 가르쳤는지에 대해 학장에게 이야기했다. 학과장은 무조건 잘한다고 학생들을 칭찬해 왔다. 그 말을 믿은 학생들은 자신들의 실력이 좋은 줄 알고 있다가, 내 수업을 들으면서 그렇지 않다는 사실을 깨닫게 되었다. 자신들의 실력이 바닥에 있다는 사실을 안 학생들은 그동안 비싼 등록금 내고 허송세월했다며 울분을 참지 못했다. 대만에서 온 한 유학생은 수도 없이 학장과 면담을 하여 학과장의 거짓과 무능함을 증명했다. 나 또한 그의 보복성 행위와 위선에 대해 항의했고, 결국 학과장의 재임용은 부결되어 나를 이용하려고 임용했다가 자신이 무너지고 만 셈이다.

어쨌든 나는 학장의 러브콜로 그 복잡하고 힘든 임용 과정을 생략하고 2001년 바로 테뉴어 트랙 조교수로 임용되었다. 일반적으로 대학에서 종신 교수 심사는 빠르면 4년 후에 시작하고 보통은 6년, 늦으면 10년 정도가 걸린다. 나 이전에 심사를 받은 동료 교수는 10년 걸렸다고 했다. 하지만 나는 2년 만에 부교수로 승진하면서 종신 교수가 되었다. 이 또한 서류 준비가 만만치 않았다. 그 전에 했던 교수는 500페이지 정도를 준비했다며 자료를 나에게 보여 주었다. 하지만 과거의 억울한 계약에 대한 보상일까. 처장 사무실에서 업무 간편화를 위해 준비서류를 50페이지 이하로 줄이라는 공문이 내려왔다. 나는 50페이지 정도 되는 서류로 심사를 준비했다. 주변 교수들도 발 벗고 나서서 나를 도와주었다. 초안을 작성하면 제각기 피드백을 보내주었다.

종신 교수 심의 과정은 소요 기간이 1년 넘게 걸릴 정도로 장기간 꼼꼼하게 진행된다. 3년간의 강의와 연구 결과 제출, 사회에 기여한 점 증명,

학교 밖에서 받은 추천서 제출, 해당 학과의 선정 위원에서 심사한 결과와 투표 내용 고려, 학생과 교수 등이 참석한 공개 테뉴어 프레젠테이션에 여러 가지 추천서까지, 준비해야 할 것이 산더미이다. 마지막으로 주지사의 허락까지 있어야 비로소 종신 보장을 받을 수 있다. 나는 다행히도 1년 동안 초빙 교수로 가르친 것이 유효하게 적용되어 2년의 강의 결과로 통과했다. 매우 드문 경우였다.

처음에 강의할 당시만 해도 주변 교수들의 질투와 견제를 받던 내가, 그 견제를 전폭적인 지지로 바꿀 수 있었던 것은 앞서 말했듯이 나의 신념과 태도 덕분이었다. 나를 곤경에 빠뜨렸던 전 학과장도 용서하려 노력했고 웃으면서 대했다. 테뉴어 심사에서 최종 교정까지 3번을 꼼꼼하게 봐준 것은 전 학과장이었다.

미국도 사람이 사는 곳이라 사는 원리는 똑같다. 뒤에서 비방하거나 험담하지 않고 그들과 함께 서 있으면 그들도 마음의 문을 연다. 실력이 있다고, 학생들이 따른다고 인기에 도취되어 다른 교수들을 무시하거나 견제했다면 나는 종신 교수가 될 수 없었을지도 모른다. 세계 어디서나 마찬가지겠지만 방심은 금물이다. 나는 늘 이곳이 미국이라는 사실을 잊지 않았다. 이해관계에 따라 역학 구도는 얼마든지 바뀔 수 있다. 외국이라고 해서 위축되어 있을 필요는 없다. 자신감을 갖되, 오만하지 말자. 단순한 진리는 어디서든 통하는 법이다.

금의환향

2000년부터 학생을 가르치는 것에 매진하다 보니, 2006년에는 '미국에서 존경받는 산업디자인학과 교수 40인'에 선정되기도 했다. 이 결과는 한국에서는 임용조차 되지 못했던 나에게는 매우 큰 의미로 다가왔다. 여기에 선정된 교수들은 경력이 25년에서 30년이 넘는 경우가 많았다.

그리고 2011년에 노스캐롤라이나 주립대에서 동문이 선정한 '최우수교수상'을 받았다. 이 상은 단과대학 내에서 매해 졸업을 앞둔 4학년 학생과 대학원생들이 가장 존경하는 교수를 투표하여 선정한다. 선정된 교수는 일단 단과대학 내에서 수상자가 되고, 학교 전체에서 선발하는 최우수교수상에 추천이 된다. 그러면 선정 과정에 필요한 자료를 첨부하여 교수상에 응시한다.

동문이 선정한 최우수교수상은 우수교수상을 수상해야 자격이 주어지고 7년 이상 강의 경력과 뛰어난 성과도 입증해야 하기 때문에 선발되기가 매우 어렵다. 특히 매해마다 학생 투표를 잘 받아야 일단 대학에서 선발되므로 대학과 대학교에서 동시에 선발되기는 쉽지가 않다. 그 누구의 입김도 작용하지 않고 오로지 학생들의 투표와 교수 자신의 실적으로만 평가된다. 그런 과정을 거쳐 1,000명이 넘는 교수 중에서 한 해 6명만이 선발되는 것이다.

이 상은 특이하게 시상식만 3번을 따로 한다. 학장, 총장 그리고 동문회 장이 각각 따로 시상식과 만찬회를 열어 주고 상장도 각기 다른 세 가지를 받는다. 그래서일까. 수상의 기쁨도 세 배였다. 두려워하지 않고 도전한 미친 선택이 여기까지 나를 오게 했다. 그 앞에 놓여 있던 무수한 반대를 극복해 낸 나의 진심과 노력이 미국에서도 통했다. 감회가 한꺼번에 몰려왔다.

2008년, 미친 듯이 학생들을 가르친 결과는 미국 내뿐만 아니라 한국에도 알려졌다. 조 하먼의 나무로 만든 스포츠카인 스플린터가 세계적 주목을 받자 한국 신문에도 실렸고, 자연스럽게 내가 그 학생을 지도한 교수라는 사실이 알려진 것이다. 그동안 내가 미국에서 쌓아 온 실적도 국내에 소개되었다. 당시 미국 대학 내에 산업디자인 분야 쪽의 한국인 교수가 손에 꼽을 만큼 적었던 데다 언론에 공개된 적도 거의 없었으므로 꽤나 주목을 받았다. 그해, 나는 경기대학교에서 이해묵 교수가 주최한 '국제 디자인 대학원생 세미나'에 발표자로 초청되었다.

조 하먼, 다른 대학원 학생 한 명과 동행하려 했으나 조는 스폰서 회사와의 홍보 일정과 겹쳐서 나머지 한 명과 함께 8년 만에 한국을 방문했다. 미국, 일본, 중국 3개국의 디자인 대학원 학생들과 교수 그리고 전국에서 참여한 많은 한국 대학원생과 교수들이 모인 자리에서 미국을 대표해서 디자인 교육에 관해 발표한 것은 나에게 있어서는 의미 있는 일이었다. 30

년이라는 세월이 지났는데도 대학 은사들께서 모두 와 주신 것에 매우 감명을 받았으며, 동창과 동문들에게도 많은 격려를 받았다. 나를 잊지 않고 찾아 준 제자들과의 만남도 매우 의미가 있었다. 다들 결혼을 해서 가족들과 함께 와 주어 더욱 감동이었다. 2주 동안의 짧은 방문이었지만 모교인 홍대와 예전에 강의를 했던 건대, 숙대 등에서 특강을 하였다. 금의환향이 이런 것일까. 하루가 48시간이었으면 좋겠다는 생각이 들 정도로 상상할 수 없을 만큼 많은 사람들을 만났다.

2000년, 교수로 임용되지 못하고 주변의 비웃음을 뒤로한 채 떠났던 것을 생각하면 참으로 감회가 새로웠다. 다른 사람들이 뭐라고 하든지, 나의 선택에 미쳐 그 길을 바라보고 살아온 삶. 불안하고 힘겨웠지만 그 터널을 헤치고 나오자, 사람들의 인정과 박수가 기다리고 있었다.

세계 교통안전 디자인 공모전을 휩쓸다

미국에서 학생을 가르치면서 많은 제자들이 여러 공모전에서 수상을 했지만, 그중에서도 '세계 교통안전 디자인 공모전'이 가장 기억에 남는다. 이 공모전은 나와 학생들에게 많은 상을 가져다준 기회의 장이었다. 7년 연속 수상 기록과 한해 최다 수상을 다 이루었기 때문이다. 2010년에는 무려 5개 상 중 1등을 포함해 4개의 상을 수상하는 기염을 토했다. 대회 주최자가 수상자를 발표하면서 학생들의 학교 이름은 가능한 알리지 말라고 부탁할 정도였다.

세계 교통안전 디자인 공모전의 목적은 교통사고를 줄일 수 있는 아이디어로 신호 시스템, 도로 표지판, 자동차 전반에 적용한 디자인을 포스터와 모델을 통해 제시하는 것이다. 이 공모전에 입상한 작품을 몇 가지만 소개하겠다.

'스마트 선바이저*'는 테일러 깁슨이라는 대학원 학생이 진행했던 프로젝트를 출품한 것으로, 노스캐롤라이나 주립대에 처음으로 1등상을 가져다준 작품이다. 운전자들이 경험하는 어려움 중에 특히 힘든 것이 해가 질 때 태양을 마주하고 운전할 때라고 한다. 일몰 때는 각도상으로 일반 선바이저를 사용해도 전혀 도움이 되질 않는다. 해를 가릴 정도로 설치하면 운전 시계를 확보할 수 없고, 반대의 경우 눈이 부셔 운전 시계를 확보하기가 힘들어 사고 위험성이 높다. 이를 개선하기 위해 스마트 투명 선바이저를 적용했다. 광량에 따라 투명 선바이저가 밝기를 자체적으로 조정하여 운전하기 편안한 최적 시계를 확보해 준다. 거기에 각종 정보를 제공해 주는 기능을 추가하여 2006년 1등상을 수상하였다. 테일러는 디자인 비전공 대학원생이었는데 졸업과 동시에 '구글'에 취직되어 현재 왕성하게 활동 중이다.

'홀로그램 커튼'은 2007년 2등 수상작이다. 야간에 고속도로에서 자동차 고장이 발생하거나 사고가 났을 경우 안전 공간을 확보할 수 있도록 디자인한 제품이다. 일반적으로는 안전 삼각대를 세우는 것이 보통인데, 실제적으로 효율성이 매우 떨어져 또 다른 사고를 유발해 왔다. 특히 달리는 차량들 사이에서 공간을 확보한 후에 고장 차량을 점검하거나 수리를 하

---

* sun visor. 햇빛 가리개.

2009년 2등상을 수상한 '전자잉크를 사용한 가변 속도 표지판'

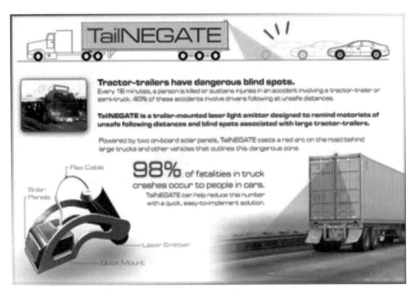

2008년 2등상을 수상한 '레이저빔 안전거리 확보 경고등'

는 것이 현실적으로 매우 어렵다는 점에 착안했다. 신기술인 홀로그램을 적용한 '홀로그램 커튼'으로 확실한 안전 공간을 확보하고, 멀리서도 사고 지점을 뚜렷하게 인식할 수 있도록 한 작품이다.

'레이저빔을 이용한 안전거리 확보 경고등'은 2008년 2등상을 수상한 작품이다. 고속도로에서 트레일러 사고는 대형 사고로 이어질 가능성이 높다. 특히 안전거리를 유지하지 않을 경우나, 야간에 그럴 확률이 크다. 운전자들은 안전거리를 육안으로 어림짐작하여 판단하고 유지하는데, 주간에도 그 거리를 유지하기가 힘들지만 야간에는 더욱 어렵다. 그러다 보니 평소 운전 습관대로 거리를 유지하다 사고가 나는 것이다. 이 문제를 해

2010년 세계 교통안전 디자인 공모전에서 1등상을 수상한 '물보라 방지 커튼'

결하기 위해 트레일러 끝 상단 부분에 레이저빔 발사 장치를 설치하여 안전거리를 표시하는 붉은색 레이저 경고 라인을 도로 위에 투사한다. 뒤의 운전자가 그 선을 넘지 않도록 유도함으로써 추돌 사고를 방지하게끔 하는 디자인 제안이다.

'전자잉크를 사용한 가변 속도 표지판'은 2009년 2등상을 수상했다. 일반적인 속도 표지판은 야광 페인트나 테이프로 되어 있다. 따라서 속도 숫자를 변경하려면 표지판을 바꿀 수밖에 없다. 하지만 신기술인 전자 잉크를 사용한 속도 표지판은 도로 사정에 따라 주행속도를 조정할 수 있어 매우 효율적이다. 또한 주간에는 글씨가 검정색이고 야간에는 조명까지 들어와 가시율을 최상의 상태로 유지할 수 있어 사고 방지에 매우 효과적인 디자인이다.

'물보라 방지 에어커튼'은 2010년 1등상을 수상하였다. 우천시 운전을 할 경우 앞 차에서 발생되는 물보라로 인해 시계 확보가 어려워져 대형사고로 이어지는 경우가 많다. 비가 그친 상태에서도 도로에 고인 물이 물보라를 일으켜 운전에 어려움을 준다. 이 문제를 해결하기 위해 타이어 주변에 압축공기를 분사시켜 에어커튼을 만들고, 물보라의 분산을 방지하여 교통사고 발생을 감소시키는 디자인이다. 이를 통해 알 수 있듯이 디자인을 개발하는 데 있어서 신기술 적용은 필수적이다. 아이디어를 구체화시키는 과정에서 적절한 신기술을 적용하면 디자인을 새롭게 해주는 데 결정적 역할을 한다.

이밖에도 효율적인 디자인 제안이 많았다. 특이할 만한 점은 위에 열거한 수상자들은 학부에서 디자인을 전공하지 않은 대학원생이라는 사실이다. 혁신 디자인에는 단순한 디자인 기술뿐 아니라 다양한 분야의 경험과 성숙한 인생 경험이 필요하다는 반증이기도 하다.

CHAPTER

7

중요한 점은 자신이 가진 부정적인 요소를

어떻게 긍정적인 요소로 변화시킬 것인가이다.

디자인을 하고 싶다면 교육과 훈련을 통해

지금 내가 가지고 있는 부정적이라고 생각되는 요소들을

긍정적인 요소로 바꾸면 된다.

누구나 디자이너가 될 수 있다

전공은 중요하지 않다

나는 12년 동안 노스캐롤라이나 주립대 산업디자인학과의 대학원 과정 중 하나인 3년제 대학원 프로그램, '트랙3 Track 3'를 통해 학생들을 가르치고 있다. 이 강의로 디자인 교육은 단순하게 한 부분만을 집중적으로 가르쳐서 완성되는 것이 아니라는 점을 실감했다.

이 프로그램의 수강생은 학부에서 디자인을 전공하지 않은 학생들이다. 프로그램은 학부 4학년 수업 1년, 대학원 수업 1년, 논문이나 졸업 작품 준비 1년으로 이루어진다. 학부 전공에 비하여 단기간 수업이라 디자인을 배우고 경험하기가 빠듯한데도 그 결과는 매우 성공적이다. 아이러니하게도 학부에서 디자인을 전공하고 올라온 학생들보다 학부에서 다른 것을 전공했던 학생들이 더 두각을 나타낸다. 취업 비율도 비전공자 학생 쪽이 높다. 그 이유는 세 가지라고 생각한다. 강한 동기부여, 이번이 마지막이라는 긴장감, 그리고 다른 분야를 전공한 다양성과 경험이 강점으로 작용하는 것이다.

학부의 1, 2학년은 대학의 문화와 전공에 대해 적응하는 시기로 자칫 얻는 것 없이 지나가는 경우가 대부분이다. 전체를 조망하고 긴장감 있는 태도로 수업을 듣기보다, 기본적인 디자인 스킬을 연마하고 접해 보는 시기인 것이다. 결국 3, 4학년이 되어서야 디자인에 눈을 뜨고 제대로 경험한다고 볼 수 있다. 이 시기마저 대충 보냈다면, 그 정도 실력은 1년이면 충분히 따라잡을 수 있다. 학부 4년이라는 기간에는 어린 나이에 처음 겪는 대학 생활에 적응하는 시간과 적성도 확실히 모르는 불안한 상태를 받아들이는 과정이 포함되어 있는 셈이다.

하지만 학부에서 디자인이 아닌 다른 것을 전공했던 대학원생들은 학과를 선택하고 들어오는 과정 자체가 확연하게 다르다. 그들은 이미 다른 학부 전공을 경험한 데다, 학부 생활이나 직장 생활을 하면서 자신의 적성이 전공과 맞지 않는다는 것을 뼈저리게 알았다. 때문에 자신이 하고 싶은 것이 무엇인가에 대한 확신 없이는 디자인 전공을 선택하지 않는다. 비전공자들은 디자인을 전공하기 위해 자신의 가능성을 증명해야 한다. 어렵게 진로를 바꾸고 들어왔으니 3년이라는 시간을 허투루 보내지 않는다. 비싼 대가를 치른 만큼 더 열정적으로 디자인을 배우고자 한다.

물론 극히 일부를 제외하고는 비전공자의 실력은 바닥에 붙어 있다. 하지만 백지 상태이기 때문에 오히려 가르치기 쉽고 성장 속도 또한 상상을 초월할 만큼 빠르다. 최선을 다해 가르침을 받아들이고 스스로 성장하고자 노력하기 때문이다. 물론 효과적이고 긴장감 넘치는 교육 과정을 거친다는 전제 조건이 있을 때의 이야기이다. 1년의 학부 수업 기간을 마치고 나면 초기에는 단점으로 보이던 타학부의 전공이 장점으로 작용하기 시작한다. 디자인 외적 부분에 대한 이해의 폭과 깊이가 디자인만 전공한 학생보다 넓고 깊기 때문이다. 특히 자신의 학부 전공과 관련된 디자인 프로젝트를 하는 경우 커다란 장점이 된다.

물론 디자인의 어느 분야에서 일을 하든지 디자인적인 감각과 실력은 필요충분조건이다. 기획이든, 트렌드 조사든, 컴퓨터 렌더링이든 작업자가 훌륭한 디자이너여야 한다. 스케치, 문제 제기와 해결 방법, 혁신적인 결과물 등을 제시할 수 있도록 다양한 수업이 제대로 이루어져야 비전공 학생들도 디자이너로서 성공할 수 있는 것이다.

학부에서 디자인을 전공하지 않은 학생들을 3년 만에 디자이너로 키워내려면, 문제를 해결하기 위한 아이디어나 디자인 프로세스만 강조하는 치우친 디자인 교육보다, 다양한 분야를 경험할 수 있는 수업과 과정이 필수적이다. 큰 흐름을 유지하면서 각 개인의 단점을 보완하는 심도 있는 교과 진행과 올바른 방향 제시가 중요하다.

제대로 된 교육이 최고의 디자이너를 낳는다

앞서 언급한 것과 같이 학생들이 양질의 교육을 받는 것은 디자이너가 되기 위해 매우 중요한 과정이다. 그러나 현재 학교의 디자인 교육은 잘 가르치는 것 이외의 부분에 더 치중하고 있다. 학교 정책은 다른 분야와의 공동 수업, 연구 지원금 프로젝트, 스폰서 프로젝트를 장려하기에 바쁘다. 학교가 재정적으로 불안정해지면서, 대외적으로 실적을 내지 않으면 상대적으로 대학당국으로부터 불리한 처우를 받기 때문이다. 공대의 경우, 거의 연구 실적과 그것을 통한 연구 지원금 및 펀딩funding으로 유지되기 때문에 겉으로 나타나는 실적이 디자인 대학과는 다르다. 또한 그들이 하는 연구 내용과 규모 및 연구 기간을 놓고 보면 디자인 연구와는 그 성격이 매우 다르다. 그런데 요즘은 그런 특성을 인정하기보다는 다른 학과와 견주어 비교하는 상황으로 바뀌고 있다. 실적을 돈으로 따지는 추세로 바뀌었다는 말이다.

디자인 교육 측면에서 봤을 때, 나는 이런 시스템에 대해 부정적인 관점을 가지고 있다. 학부에서 3학년 말이나 4학년 초에 한 번, 그리고 대학원에서 한두 번 정도의 스폰서 프로젝트는 괜찮을 수 있다. 하지만 지금처럼 학교가 적극적으로 장려하다 보면 학생들이 교과 과정을 체계적으로 배우기 어렵다. 프로젝트의 성격과 내용이 교과에 도움이 된다면 금상첨화겠지만, 그런 경우는 거의 없기 때문이다. 대학원 학생들의 궁극적인 목표는 취직이다. 그러나 기본적인 실력이 갖춰져 있지 않으면, 아무리 스폰서 프로젝트를 많이 했더라도 의미가 없다. 기업에서는 능력 있는 디자이너를 원하지, 프로젝트를 얼마나 많이 했는지에는 관심이 없기 때문이다.

나는 한 학기에 보통 3개에서 5개의 프로젝트를 진행한다. 20명의 학생이 있다고 한다면, 적게는 60개에서 많게는 100여 개의 디자인 프로젝트가 진행된다는 뜻이다. 즉, 학생들은 60~100개 정도의 다양한 아이템 리서치와 디자인 전개 과정을 경험할 수 있다. 그러나 스폰서 프로젝트를 시작하면 한 학기나 반 학기에 걸쳐 한 개 프로젝트를 깊이 있게 진행하게 된다. 그 외 추가로 정규 프로젝트를 하나 더 진행할 경우, 보통 팀으로 나누어서 진행하므로 다섯 팀으로 나눠서 진행을 하더라도 동일한 아이템이 5개의 프로젝트에서 어떻게 진행되는지를 엿볼 수 있다. 그러나 대부분 프로젝트의 완성도를 높이기 위해 교수가 지나치게 관여할 수 있기 때문에 한 학기에 얻을 수 있는 수업의 성과는 현저히 떨어지게 마련이다.

이 경우, 학교의 입장에서 단기적으로 좋을 수 있지만 중·장기적으로 학생들에게 많은 폐해가 발생한다. 디자인 실력이 숙련된 학생들에게는 크게 문제가 되지 않지만 가야 할 길이 먼 학생들에게는 상당한 해가 될 수 있다.

나는 이러한 문제를 해결하기 위해 디자인 이노베이션 랩Design Innovation Lab을 별도로 운영하고 있다. 수업 외적인 시간을 이용하여 이러한 문제를 해결하려는 개인적인 시도이다. 학기가 시작되면 학생들의 자원을 받는다. 인턴 학생을 받기도 하고, 연구 조교를 지원받거나 임용하여 운영하고 있다. 일주일에 두 번 미팅을 하며 새로운 여러 분야의 프로젝트와 연구 지원금 신청서 작성 및 특허출원 등을 진행하고 있다. 그러는 와중에 개발된 프로젝트로 관련 기업과 개발 협의를 시도하기도 하는 등 수업 외적인 시간을 통해서 학교와 학생들이 필요로 하는 실적과 실리를 추구하고 있다. 수업 시간 외에 진행을 하기 때문에 학기말에는 전공 실기 시간 과제와 겹쳐서 어려움이 있긴 하지만 참여하는 학생들도 만족하고 있고 나 자신도 큰 무리가 없다. 나의 개인적인 시간을 투자해야 하지만 전혀 문제가 되지 않는다. 그리고 학생들이 수업 시간에 진행한 프로젝트를 공모전에 출품하도록 하고 있다. 그렇지 않은 경우는 수업 외의 시간을 따로 할당해서 진행한다. 이 역시 개인적인 시간이 제법 소요되지만 그렇게 진행함으로써 수업에 더욱 집중할 수 있다.

학교라는 교육기관은 재빠르게 사회의 요구에 부응해야 한다. 때문에 능동적이고 유기적으로 대처하여 교과 과정을 업데이트하는 것이 필수이다. 시대의 흐름에 따르는 시늉만 하거나 학생이 반드시 배워야 할 부분을 생략해서는 안 된다는 것이 나의 교육철학이다.

처음부터 디자이너로 태어난 사람은 없다

어려서부터 그림을 잘 그리고 예술적 감각을 타고났다고 해서 뛰어난 디자이너가 되는 것은 아니다. 그림을 잘 그린다고, 만들기를 잘한다고, 창의적인 아이디어가 많다고, 그들이 디자이너가 될 수 있는 것은 아니다. 디자이너가 되기 위해서는 그 이상의 것이 필요하기 때문이다.

디자이너의 재능은 타고나는 것이 아니다. 디자인을 하고 싶어 하는 사람, 그가 바로 디자이너이다. 디자이너가 될 수 있는 사람이 정해져 있지 않다는 말이다.

우리는 흔히 다음과 같은 사람들은 좋은 디자이너가 될 수 없다고 생각한다.

"우유부단한 사람, 게으른 사람, 산만한 사람, 쉽게 싫증을 내는 사람, 불만이 많은 사람, 거짓말 잘하는 사람, 평계를 잘 대는 사람, 고민이 많은 사람, 콤플렉스가 많은 사람, TV시청에 빠져 있는 사람, 인터넷과 게임에 미쳐 있는 사람, 생각이 많고 내성적인 사람⋯⋯."

　이런 점들이 디자인을 하는 데 모두 방해가 되는 것은 아니다. 중요한 점은 자신이 가진 부정적인 요소를 어떻게 긍정적인 요소로 변화시킬 것인가이다. 디자인을 하고 싶다면 교육과 훈련을 통해 지금 내가 가지고 있는 부정적이라고 생각되는 요소들을 긍정적인 요소로 바꾸면 된다. 디자인뿐만이 아니다. 세상 어떤 것에든 이런 양면성이 있다. 자신이 가지고 있는 성격이나 소질의 부정적인 면에 빠져들지 말자. 얼핏 보기에는 단점으로 보이는 것도 일을 하는 데 중요한 개성으로 쓰일 수 있다.

　'우유부단한 사람'은 대부분 이것저것 다 따지다가 결국 자신이 결정하기를 포기하거나 결정해야 할 시점을 놓치곤 한다. 반면 어느 쪽을 선택할지 결정을 내리기 위해 오래 생각하고 여러 가지 요소를 비교하는 습관을 가지고 있다. 이런 성향을 잘 유도하면 디자인에 도움이 된다. 여러 부분으로 생각해 보는 사고의 다양성이 가치를 비교하는 과정에 플러스 요소로 작용하기 때문이다.

　어떤 일을 하든지 '게으른 사람'은 성공할 수 없다고 생각하는 것이 보통이다. 이들은 특히 무슨 일이든 행동으로 옮기려고 하지 않는 성향이 있다. 그러나 자신에게 꼭 필요한 것이라면 최대한 간편하게 하기 위해 궁리하는 습성이 있다. 최대한 간편하게 일을 처리하려고 아이디어를 짜낸다는 점이 중요하다.

'생활의 달인'이라는 TV프로그램에, 달인으로 선정된 자취생이 있었다. 이 자취생이 '귀차니즘'의 대명사에서 달인이 된 것은 기발한 아이디어 덕분이었다. 그는 자신이 좋아하는 콩국수를 쉽게 해 먹기 위해 두부를 우유에 넣고 믹서로 갈아 콩국을 만들었다. 정상적인 방법으로 콩국수를 만들려면 콩을 사서 불리고 삶고 갈아야 하는 복잡한 과정을 거쳐야 한다. 그런데 이 자취생은 그 과정을 단 1분으로 단축시키는 기발한 아이디어를 선보인 것이다. 게으른 사람에게는 평범한 사람이 생각할 수 없는 자기만의 생존 노하우가 있다. 이것이야말로 디자인에 있어서 가장 중요한 부분 중 하나이다.

'산만한 사람'은 어떤 것에 몰입하지 못하고 이것저것을 동시에 한다. 몰입이 중요한 성공 키워드로 떠오른 요즘, 산만함은 부정적인 요소가 되었다. 산만한 사람은 하나에 완전히 몰입하지 못하고 동시에 여러 가지를 한다. 너무 집중을 하지 못한다면 그것은 문제가 되겠지만, 이 특징을 긍정적으로 바꾸면 한 번에 여러 가지를 고려해야 하는 디자인 작업에 플러스가 된다.

'쉽게 싫증을 내는 사람'을 다르게 표현하면 새로운 것에 대한 욕구가 강한 얼리어답터라고도 할 수 있다. 새로운 가치를 즐기기 위해서는 기존 것을 충분히 이해해야 하며, 현재의 트렌드와 브랜드 흐름에 대한 이해도 빨라야 한다. 이런 사람들은 비교하고 판단하는 능력이 탁월하고 향후 미래 상품에 대한 기대가 구체적이라, 디자인을 하는 데 있어서 강점이 된다.

현재 주어진 것과 처해진 현실에 만족하지 못하고 불만을 표출하면 주변 사람들에게 짜증을 불러일으킨다. '불만이 많은 사람'은 자신의 현재 상황과 다른 상황을 비교하여 여러 가지로 파악하고 있기 때문에 스스로를 평가하는 능력이 탁월하다. 현재의 제품이나 상황으로 인한 문제를 파악하고 그것을 변화시키기 위한 새로운 기능과 쓰임새를 제시하는 능력으로 이 불만을 승화시키면 디자인을 하는 데에 커다란 플러스 요인이 된다.

'거짓말을 잘하는 사람'은 창의력이 있는 사람이다. 어설픈 거짓말은 하기 쉽지만 거짓말을 '잘'하는 것은 쉬운 일이 아니다. 거짓말을 잘하려면 여러 이야기가 연계성을 유지해야 하기 때문에 전후좌우를 돌아보고 조율하는 능력과 임기응변 없이는 힘들다. 이것을 디자인으로 방향을 돌려서 발전시키면 새로운 시나리오와 패러다임을 창출할 수 있는 가능성이 된다.

자신이 잘못한 것을 알면서도 그것을 인정하려 하지 않고 남의 탓으로 돌리는 사람들이 있다. 이렇게 '핑계를 잘 대는 사람'은 다양한 주변 사정을 끌고 들어와 자신의 과오를 회피하려고 한다. 주변의 다른 요소를 부각시켜 자신의 잘못을 가리려는 능력은 자신의 디자인을 콘셉트에 맞게 부각시켜 소비자를 설득하는 능력으로 바꿀 수 있다.

'고민이 많은 사람' 역시 많은 생각을 다각적으로 하는 사람이다. '이러면 큰일 날 텐데.' 하면서도 하고는 싶고, '지금 한 일이 혹시 잘못되면 어떻게 하지?' 하며 일어나지도 않은 일을 상상하여 자신을 괴롭히는 데 소중한 시간을 낭비한다. 이것을 부정적인 것이 아니라 미래의 긍정적 상황을 예측하는 상상으로 전환시키면, 기발하고 창의적인 시나리오를 제시할 수 있다.

'콤플렉스가 많은 사람'은 자신의 어떤 부분이 남보다 못하다고 생각하고 그것에 대해 지속적으로 인식하고 고민한다. 콤플렉스를 느끼는 사람은 그 단점을 가리기 위해 다양하고 효과적인 방법을 찾고 시도하며 실망하고 만족하기를 반복한다. 이러한 경험을 디자인을 할 때 어려운 문제를 해결하는 능력으로 전환시키면 풀기 힘든 문제를 해결하는 데 큰 도움이 된다.

온갖 프로그램을 보느라 다른 것을 할 시간이 없는 사람들이 있다. 이렇게 'TV시청에 미쳐 있는 사람'은 매우 비생산적이고 할 일 없는 사람 취급을 받는다. 물론 단지 시간을 때우기 위해 비생산적인 시간을 보내고 있는 것일 수도 있다. 그러나 드라마와 교양 프로 그리고 예능 프로를 시청함으로써 지금 돌아가고 있는 세상을 읽을 수 있다. 보편적인 소비자의 생활 패턴은 물론이고 자신이 경험할 수 없는 재벌이나 연예인의 생활과 그들의 사고방식을 간접적으로 경험할 수 있으며, 지구촌 오지와 극지방 등의 환경 변화를 알 수 있고, 지구의 변화 등에 대한 지식을 축적할 수 있다. TV를 이렇게 방대한 정보를 수집하는 수단으로 전환시켜 이용한다면, 디자인에도 좋은 영향을 미친다. 디자인에서 대중성과 트렌드를 잘 이해하고 있는 것은 매우 중요한 부분이기 때문이다.

'인터넷과 게임에 미쳐 있는 사람'은 컴퓨터를 다루고 인터넷을 사용하는 데도 능숙한 편이다. 그런 능력들을 게임만 하거나 단순히 웹서핑을 하는 데 이용할 것이 아니라 디자인을 하는 데 사용하면 유용하다. 특히 인터넷은 디자인을 할 때 없어서는 안 될 소중한 도구다. 과거에 비해 자료를 찾는 시간이 100배 이상 빨라졌으며, 신뢰도 면에서도 뒤지지 않는다. 비용을 절감하는 데도 최상의 수단이다.

이런 사람들이 강한 동기부여를 받고 디자이너가 되고자 한다면, 주변의 우려나 걱정과 달리 개성 있고 뛰어난 디자이너로 성장할 가능성이 높다. 물론 효과적이고 올바른 디자인 교육과 혹독한 훈련을 거친다는 전제하에 말이다. 지난 17년간 학생들을 가르친 경험에 따르면, 뛰어난 디자이너 중에는 현실에 잘 적응하지 못하고 불만과 요구가 정상 범위를 벗어나는 사람들이 많다. 물론 나는 착하고 공부도 잘하는 성실한 사람을 좋아한다. 그렇지만 그런 사람들은 디자이너가 될 수는 있어도 뛰어난 디자이너가 되기에는 다소 한계가 있다.

그저 시키는 대로, 교육받은 대로 성장한 학생이 디자이너가 되어 자괴감과 스트레스에 빠져 방황하는 경우를 종종 본다. 배운 지식은 대부분 '시험을 잘 보는 법'과 '좋은 대학에 들어가기'에 초점이 맞춰져 있었기 때문에, 지식을 다른 쪽으로 응용하는 데 익숙하지 않은 것이다. 한순간이라도 궤도를 벗어나면 경쟁에서 돌이킬 수 없는 결과를 가져오기에 작은 실수나 일탈, 새로운 도전에 소극적일 수밖에 없다. 그 결과 잘하기는 하는데 혁신적이거나 파격적인 디자인은 하지 못하는 것이다. 차라리 소위 문제가 있는, 그것도 아주 많이 있어 집과 학교 그리고 친구들에게도 인정받지 못하고 스스로 낙오자라고 느끼는 학생들이 뛰어난 디자이너가 될 가능성을 더 많이 가지고 있다. 이들이 디자인에 대한 열정으로 타오르면 훌륭한 디자이너로 거듭날 수 있다는 사실을 알려주고 싶다. 이런 사람들에게는 자신도 모르는 사이 쌓인 창의력, 순발력, 직관력, 감수성, 독창성, 적응력, 다양성에 대한 잠재력이 가득하다. 그러나 본인들이 인지하지 못하여 그것들을 끌어내 사용하거나 개발하지 못하고 묻혀 버린다.

디자이너는 예술적 감수성, 순간적 판단력과 응용력, 순발력이 뛰어나야 한다. 엔지니어링에 대해서도 해박해야 하고, 세상에 관한 다양한 지식과 경험을 가져야 하며, 지구력과 집중력 또는 마케팅 감각 등 여러 분야에 정통하면서도 창의적이어야 한다. 무엇보다도 강한 동기부여와 열정, 효과적인 교육과 훈련, 끈기와 노력이 중요하다. 거기에 더하여 사람을 사랑하고 배려할 줄 아는 인격이 갖추어졌을 때 비로소 진짜 뛰어난 디자이너로 태어나는 것이다.

'동기'라는 모터를 달아라

뛰어난 디자이너가 되기 위해서는 어떤 소질과 자질을 가졌는지도 중요하지만, 무엇보다 '동기부여'가 중요하다. 자신이 꼭 디자인을 해야만 하는 결정적인 이유가 필요하다는 말이다. 이 일이 얼마나 멋있는 일이며 앞으로 나의 인생에 어떤 영향을 미칠 것인지 분명히 알고 있어야 힘든 과정을 극복할 수 있다.

디자인이란, 한 분야의 일을 반복하는 게 아니라 다양한 것을 무수히 경험하는 과정이다. 창의적인 변화를 경험하는 과정은 쉬운 것이 아니다. 하지만 그 과정이 인생에 보람과 기쁨이 된다는 사실을 깨닫는다면 디자인은 즐거운 일로 바뀔 것이다.

이는 다이어트 결과를 놓고 서로 경쟁하는 프로그램과 흡사하다. 서바이벌 방식으로 진행하는 이런 프로그램에서 마지막까지 살아남은 참가자들은 정말 절실한 동기와 끈기, 노력과 인내력을 가지고 있다는 사실을 알 수 있다. 지금까지 자신을 비만으로 만든 식습관과 버릇을 철저하게 버리고 꾸준히 운동을 해나가는 훈련 과정은 정말 처절할 정도이다. 그 결과, 몸무게는 믿을 수 없을 만큼 줄어들어 외형은 물론이고 건강상으로도 확연한 변화를 보인다.

그러나 더 주목할 만한 점은 참가자들의 정신적인 부분이 크게 달라졌다는 데 있다. 사람들의 눈을 피해 다녔던 이들이 자신감 넘치고 당당한, 전혀 다른 사람이 되어 돌아온 것이다. 긍정적 자세로 삶을 맞이하고 새로운 미래를 계획하기 시작한다. 그들에게 있어서 가장 중요한 것은 몸무게를 줄이겠다는 '결심'이다. 변화된 삶을 살고 싶고, 살아야만 하는 강한 동기부여는 힘든 훈련과 유혹을 이겨 내는 원동력이 되었다.

만약 당신이 뛰어난 디자이너가 되고 싶다면, 반드시 하고 싶은 일이 있다면, 스스로에게 물어보라. 자신에게 얼마나 절실한 동기가 있는가. 절실한 동기가 없다면 시작하기도 전에 반을 포기한 것과 다름없다. 끝까지 나와 함께할 동기를 찾아라.

실패를 수용하는 문화

한국 사회는 아직도 학연, 지연, 혈연으로 똘똘 뭉쳐 일을 처리하는 관행이 이어지고 있고, 나이 제한도 엄연하게 존재하고 있다. 이런 상황과 짜여진 매뉴얼 속에서는 세상을 주도하는 인재가 양성되기 힘들다. 물론 미국 사회에도 수많은 모순이 존재하며 교육 문제도 심각하다. 미국은 전체적인 교육 수준이 떨어지는 편이다. 미국의 교육 구조가 한국과 다르기 때문이다. 그들은 모두가 세계의 주목을 받을 필요는 없다고 생각한다. 세상을 이끌 10%에게만 날개를 활짝 펼 수 있는 기회를 부여한다.

디자인 분야에서도 마찬가지다. 현재 한국 학생들의 실력은 미국의 웬만한 대학보다 수준이 높다. 하지만 최상위의 10%로 올라가면 상황은 달라진다. 그 수준에 있는 학생은 따라잡기가 쉽지 않다. 이를 위해, 한국에도 창의성이 빛을 발할 수 있는 기회가 제도적으로 정착되어야 한다. 사회 전체적인 교육 시스템이 바뀌지 않으면 상위 10%로 올라가기는 결코 쉽지 않을 것이다.

우리나라 학생들이 10%에 들어가기 위해서는, 획일적인 학생 선발 기준부터 바꿔야 한다. 현재 가지고 있는 기술의 완성도가 아니라 향후의 가능성이 전공자를 선발하는 기준이 되어야 한다. 뒤늦게 디자인을 하고 싶다는 마음을 깨달았을 때, 학부에서부터 공부를 시작하는 것이 아니라 대학원에서 제공하는 프로그램으로도 배울 수 있어야 한다. 기업이 디자이너를 선발하는 기준 또한 합리적으로 바뀌어야 한다. 나이와 학교가 특별한 기준이 되어서는 안 되며, 그 사람의 실력과 가능성이 올바로 평가되어야 한다.

한국의 교육 실정은 상상을 초월할 정도로 살벌하다. 좋은 대학에 들어가기 위한 경쟁이 유치원 때부터 시작되고, 초중고로 이어지는 학교생활은 전쟁을 방불케 한다. 어릴 때부터 시작되는 경쟁으로 유년시절의 낭만과 꿈이 사라져 가고 있다. 좋은 대학을 나오지 않으면 취직이 되지 않고,

취직이 되지 않으니 제대로 살아갈 기회도 많지 않다. 졸업하는 해에 취업하지 못하면 취업을 할 수 있는 기회 또한 상상을 초월할 만큼 좁아진다. 이런 현실이 실패를 허용하지 않는 사회 분위기를 만든다. 학생 때마저도 새로운 것에 도전하고 실패하며 경험을 쌓을 수 있는 기회를 허락하지 않으니, 어떻게 그런 환경 속에서 숨어 있는 원석을 발견할 수 있을까. 요즘은 고졸자에게도 취업의 문을 넓히자는 목소리도 있고 그런 사례들도 늘어나고는 있지만, 실제로 확산되는 속도는 참으로 미미하다. 공학도가 줄어들고 수재들이 모였다는 특목고 학생들의 의대 진학률이 높아져만 가는 것이 한국의 현실이다. 이런 상황에서는 미국의 스티브 잡스나 빌 게이츠, 마크 주커버그 같은 인재를 기대하기 어렵다. 아이들이 자유롭게 놀고 미래의 방향을 설정하는 과정에서 여유와 실수를 용납하는 사회 분위기가 마련되어야 한다. 미국은 노력하지 않는 자들도 살 수 있는 최소한의 생활비와 의료비를 지원하는 실질적 제도가 운용되고 있다. 자신이 하고 싶은 것을 하다가 최악의 상황으로 떨어져도 파산 선고를 하면 빚이 탕감되고 다시 기회를 준다.

　미국의 팁 문화도 최악의 상황에서도 살 길을 마련해 주는 장치 중 하나이다. 우리나라에는 없는 문화라, 미국 생활 초기에는 이해하기 힘든 것 중 하나였다. 쓸데없는 추가비용이라는 생각에 얼마 동안 팁을 주는 것이 정말 아까웠다. 나의 이런 생각은 아이들이 고등학생이 되고 아르바이트를 하면서 바뀌기 시작했다. 아이들이 할 수 있는 일은 한정되어 있는데, 대부분 음식점에서 서빙이나 계산 같은 일을 한다. 이런 아르바이트를 하면 기본 급료뿐 아니라 손님들의 팁도 중요한 수입원이다. 팁은 그야말로 노력한 만큼 받는 정당한 노동의 대가이다. 서빙은 미국에서 가장 쉽게 구할 수 있는 일이기 때문에 사업에 실패하거나 정규직 직장을 잡지 못했을 때 생활을 유지하는 방편이 된다. 즉, 절망 속에서도 재기할 수 있다는 희망이 되는 것인데, 이는 팁 문화가 있기에 가능하다. 이렇게 자신이 하고 싶은 일을 하다 실패를 해도 굶어죽지 않으며, 언제든 다시 도전할 수 있다는 안전망이 있기에 그들은 황당해 보이는 도전을 계속하며 발전해 나간다. 미국 사회를 움직이는 원동력이 바로 팁 문화 그리고 나이와 성별에 제한이 없는 점이 아닐까.

세상을 바꾼 사람들의 면면을 보면 학교를 제대로 마친 사람보다 중퇴한 사람이 많다. 소위 실패했다는 말을 들었던 사람들이 많은 것이다. 앞서 말한 빌 게이츠나 스티브 잡스도 그렇고 한국의 고故 정주영 현대그룹 명예회장도 그렇다. 베니스 영화제에서 황금사자상을 받은 김기덕 감독도 한국에서 말하는 교육은 제대로 받지 않았다. 그들은 미쳤다는 소리를 들으며 자신이 가고자 하는 길을 포기하지 않고 지키는 것이 세계로 통하는 방법이라는 사실을 보여 주었다. 그들이 받았던 사회적 냉대와 질시는 겪어 보지 않은 사람은 상상하기 힘든 실질적 고난이다. 이런 고난과 실패를 겪어 내고 이겨 낸 사람만이 더 큰 무대로 나아갈 수 있다. 하지만 지금 우리나라에서는 짜여진 틀에서 벗어나는 것조차 실패로 간주해 버린다. 그리고 한 번 실패하면 다시는 일어설 수 없을 거라고 으름장을 놓는다.

지금을 느끼고, 자신이 하고 싶은 것을 누리고 살아도 인생은 짧다. 그런데도 선행 수업을 한답시고 호기심이 가득해야 할 어린 시절을 통제하고, 아이들에게 성공하라고 잔소리를 하는 지금의 교육 시스템은 바뀌어야 한다. 지금의 한국 교육은 전체적인 성취도나 효율 측면에서 앞서 있는지 모르지만, 개성이 없고 다양성이 크게 떨어지며 전문성에서 뒤처진다. 자신이 하고자 하는 목표가 학교 교육을 통해서만 이루어진다는 관념에서 벗어났을 때, 그리고 학교 교육에서 벗어나는 것이 실패가 아니라는 점을 인정할 때, 더 건전하게 발전하고 세계를 바꿀 수 있는 뛰어난 사람들이 나올수 있는 기반이 마련된다. 한국 특유의 방법으로 이런 문제가 개선되길 바란다.

'한국'을 디자인하라

디자이너라면 어렵지 않게 유럽의 디자인을 구분한다. 세부적으로 나누면 남유럽 디자인과 북유럽 디자인 더 나아가 이탈리아, 프랑스, 독일, 네

덜란드, 스웨덴, 핀란드, 덴마크 등까지 세부적으로 분류할 수 있다. 각 나라의 특징이 디자인에 드러나기 때문이다. 가까이 아시아를 살펴보자. 아시아 디자인이라고 하면 일본과 한국이 떠오르는데, 일본의 전반적인 제품과 디자인은 일본만의 개성과 방향성을 유지하고 있다는 것을 쉽게 알 수 있다.

그러나 안타깝게도 우리나라의 제품을 보면 한국적 디자인의 아이덴티티가 특별하게 느껴지지 않는다. 국가적 아이덴티티가 무조건 좋다고는 할 수 없지만, 그 나라의 문화가 녹아 있는 디자인은 그 나름의 매력이 될 수 있다. 이탈리아, 프랑스, 독일의 디자인이 자국의 문화가 스며들어 발전했다면, 반만년 역사의 한국 문화도 잘 세워서 녹여낼 수 있지 않을까. 우리는 불행하게도 일제강점기 35년과 6.25 전쟁을 연속적으로 겪었다. 이런 비극적인 근대사는 우리의 전통문화와 현재를 철저하게 단절시켰다. 옛 문화가 자연스럽게 발전되고 계승되어야 할 중요한 시기에 일본이 자행한 민족 말살 정책과 전쟁으로 국토가 초토화되고 나자, 그 끊어진 흐름 사이로 근본 없는 것들이 그 자리를 대신했다. 어울리지 않는 것들이 자리 잡고 발전되어 왔으니 한국의 전통과 문화가 제대로 계승되어 아이덴티티가 형성될 기회가 없었다.

나는 태극기에서, 우리가 발전시켜야 할 한국적인 아이덴티티를 볼 수 있다고 생각한다. 태극기의 태극 문양은 중국에서 가져왔으며, 모서리의 건곤감리도 팔괘에서 따온 것이다. 이러한 요소들의 재조합 속에서 우리의 민족성과 정서를 발견할 수 있다. 태극 문양은 넓은 부분과 뾰족한 꼬리 부분을 교차로 만나게 함으로써 음양의 대비를 이룬다. 그리고 그것이 합해져 원으로 전환되며, 우주를 상징한다. 태극은 이런 심오한 철학을 바탕으로 한 조화로운 형상이다. 중국의 태극 문양에 형상적·철학적·음양의 대비만 있다면, 우리의 태극에는 색의 대비가 더해졌다. 파란색과 붉은색. 이 두 색의 대비로 중국의 태극에서 볼 수 없는 멋이 살아난다. 태극기를 더 살펴보면, 또 다른 다양한 대비의 미학이 존재하고 있음을 알 수 있다. 백색의 직사각형 모양과 가운데의 원의 모양으로 또 한 번의 대비를 이루고 있으며, 주변에 검은색 건곤감리가 더해져 다양함까지 보여 준다. 모서리 사면의 얇은 검은색 막대는 흰색 바탕과 가운데 원의 유채색과 동시에 대비를 이루며 전체적인 조화를 만들어 낸다. 흰 바탕과의 대비가 살짝 중앙의 몰입을 방해하기도 하지만 이것이 오히려 우리의 민족성을 잘 나타내는 상징이라 볼 수도 있다. 작은 이익을 찾으며 반목하기도 하지만, 대의를 위해 힘을 합쳐야 하는 상황에서는 서로 뭉치고 저력이 있는 우리의 민족성 말이다.

단순함과 철학적 위대함보다는 소박함 속에 해학을 좋아하는 정서도 배어 있다. 태극기에 적용된 커다란 대비 속의 작은 대비, 또 대비 속에서 이루는 조화를 구체적으로 이해하면, 한국만의 아이덴티티를 만들어 갈 수 있을 것이다. 태극기에서 사각의 흰 바탕을 없애면 바로 중국의 태극과 팔괘가 되고, 모서리에 있는 건곤감리를 없애면 일장기와 유사해지고 만다. 사각의 바탕과 모서리의 건곤감리의 적용이 우리의 정체성인 것이다. 중국의 웅장함과 일본의 단순함 사이에서 중도에 있는 다채로운 아름다움이 우리를 나타내는 아이덴티티 요소 중의 하나가 아닐까 생각한다.

앞서 말했듯이 한국의 디자인은 나날이 발전하여 멋있고 세련된 디자인들이 많이 개발되고 있다. 세계 시장에서도 다양한 분야에 걸쳐 시장 점유율 증가라는 가시적인 결과로 나타나고 있다. 이제는 거기서 그칠 것이 아니라, 기업 브랜드의 아이덴티티 정착을 넘어 '아, 이거 한국에서 만든 것 같은데.'라고 생각할 만한 국가적 아이덴티티가 형성되길 바란다.

아이덴티티의 정착은 인위적으로 조종할 수 있는 것이 아니다. 현재의 상황과 여건의 모든 요소들이 녹아서 표현되는 것이기 때문에 특별한 정체성이 없는 상황, 그 자체를 아이덴티티로 받아들이기도 한다. 한 예로 미국에서는 삼성이 한국 브랜드라는 사실을 아는 학생이 생각보다 많지 않다. 오히려 최근 애플과의 특허 분쟁으로 삼성이 한국 브랜드라는 사실을 알게 된 학생들이 많을 것이다.

요즘 세계적으로 권위 있는 디자인 공모전의 수상자 명단에서 한국인의 이름을 보는 것이 낯설지 않다. 자랑스럽고 뿌듯하다. 하지만 세계적으로 인정받는 디자이너는 아직 그렇게 많지 않다. 나라 크기와 인구 대비로 볼 때 한국에는 상당히 많은 디자인 대학이 있고 수많은 학생들이 디자인을 공부하고 있는데도 불구하고 말이다.

이렇게 많은 디자인 전공 학생들 중에서 세상을 바꿀 수 있는 디자이너가 나오길 바란다. 특히 디자인 실력이 뛰어난 학생들의 목표가 안정적인 대기업 디자이너라는 명함이나 두둑한 월급으로 끝나서는 안 된다. 대기업의 디자이너로 일을 잘한다고 해도, 세계적으로 인정받는 디자이너가 되기에는 많은 어려움이 있다. 그 이유에는 여러 가지가 있겠지만, 나는 크게 두 가지로 본다.

먼저, 세계를 이끌어 나갈 만한 일류 상품이 존재하지 않았다는 점이 첫 번째 이유이다. 두 번째는 각 회사마다 수백 명의 디자이너들이 일하고 있지만 윗줄의 공치사에 가리는 구조적·제도적 특성(한 제품의 디자인 개발을 위해 몇 개의 해외 유명 디자인 회사에 용역을 주어 그것을 토대로 디자인을 완성하는 디자인 개발 과정이 한동안 대기업에서 유행했다) 때문이다. 결국 실제 제품을 디자인한 디자이너는 묻혀 버린다.

우리나라에는 재벌 체제라는 매우 특이한 산업 구조가 있다. 많은 비판과 우려 속에서도 한국식 대기업은 여전히 안정적으로 성장하고 있다. 그리고 그 속에서 세계적인 제품이 나와, 세계 시장에서 경쟁력을 유지하고 있는 것이다. LG는 백색가전 분야에서 세계 시장을 석권하고 있지만, 그것을 디자인한 사람이 누구인지는 아무도 모른다. 이탈리아에는 누구, 프랑스에는 누구라고 꿰고 있는 사람도 한국에서는 누구라고 거론하기가 쉽지 않다. 디자이너의 명성이 세계적으로 폭넓게 부각되지 못한 결과이다. 외국의 경우 자동차 회사와 같이 대기업도 아우디의 TT나 BMW의 Z3, Z4같이 세간의 주목을 받았던 제품이 성공하면, 이것을 디자인한 디자이너들도 함께 세계적인 명성을 얻는다.

지금이 바로 디자이너를 부각시켜야 할 때이다. 전략적으로라도 일등 상품의 디자이너를 키워서 세계인들에게 각인시켜야 한다고 생각한다. 대기업에서 글로벌 디자이너를 만드는 것도 한 가지 방법이 될 수 있다. 현재 승승장구하고 있는 삼성이나 LG에서 성공한 제품들의 최초 디자이너를 제품과 함께 홍보하면 어떨까. 낯선 이름을 세계적으로 친숙하게 만들고 부각시키는 전략이 필요하다고 본다.

최근의 한류 열풍은 우리의 아이덴티티를 형성해 가는 전초전이라고 할 수 있다. 우리가 만든 음악과 드라마, 영화를 보고 들을 때 외국인들은 그 속에서 우리나라풍을 쉽게 발견하고 즐긴다. 우리의 문화가 세계적으로 통하고 있다는 뜻이다.

우리나라 음악의 발전사를 보면 일본의 엔카, 영국이나 미국의 록과 팝음악의 영향을 받았다는 것을 부정할 수 없다. 하지만 이제는 그 특성을 넘어서 대한민국만의 음악으로 우뚝 서고 있지 않은가? 최근 한국 가수 싸이가 한국 음악으로 전 세계를 열광시켰다. 삼십여 년 전, 영국 가수 클리프

리처드의 내한 공연에서 우리네 어머니들이 속옷을 던지며 열광했던 것을 경험한 나에게는, 한류 연예인에게 열광하는 외국인들의 모습이 묘하게 다가온다. 우리만의 독특한 인재 발굴 방식과 육성 방식이 정착되면서 특성 있는 음악과 춤이 탄생했기 때문에 한류가 붐을 일으키며 세계 속으로 퍼져나가고 있다. 디자인에서도 한류 열풍이 일어날 가능성이 있다.

일본의 깊이 있는 디자인 내공을 뛰어넘고 바짝 추격해 오는 중국의 디자인을 따돌리기 위해서라도 다양하게 시도하여 세계에서 통하는 디자인 정체성이 형성되어 한국 제품과 디자인이 세계 시장에 우뚝 서는 전환기를 마련해야 한다.

사회적 이슈와 신기술의 조합

앞서 다른 것을 전공하고 대학원에 들어와서야 디자인을 배우기 시작해 '트랙3' 수업을 듣는 학생들에 대해 이야기했다. 우리는 무엇이든 빨리 시작해야 성공할 수 있을 것이라 착각한다. 재능은 타고나는 것이라 착각하는 것처럼 말이다. 앞서 말했듯이 누구나 디자이너가 될 수 있다. 그 예로 퀵실버 국제 디자인 공모전에서 수상한 트랙3 프로그램의 학생인 벤을 소개하겠다.

벤은 학부에서 조각을 전공하고 군인으로 8년간 근무한 후, 디자인에 대해서 전혀 모르는 상태에서 디자인을 시작했다. 그는 두 번째 학기에 서머 스튜디오에서 진행 중이던 스피드폼 프로젝트의 결과물로 공모전에 참가하고 싶다고 했다. '퀵실버 국제 디자인 공모전'의 핵심은 혁신적이고

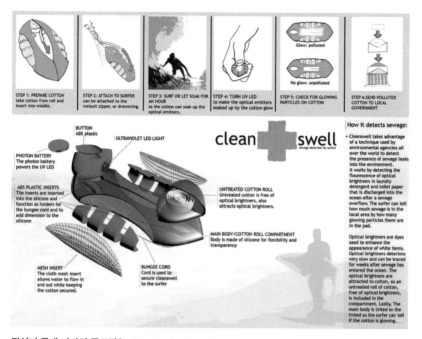

퀵실버 국제 디자인 공모전(Designed by Ben Green)
신기술을 활용하여 지퍼 헤드에 부착 가능하도록 디자인한 휴대용 수질 검사기

미래지향적인 디자인, 즉 혁신이었다.

　이 사실을 안 나는 벤에게 신기술과 사회적 이슈를 먼저 조사하라 일렀다. 그가 조사해 온 자료를 보니 당시 수질오염이 심각한 이슈로 떠오르고 있었다. 육안으로 식별하기 힘든 수질오염은 서퍼에게 치명적이다. 오염된 물에서 파도타기를 하면 당연히 서퍼는 오염된 물을 먹게 되고, 자꾸 그물에 접촉할 수밖에 없다. 건강과 피부 질환에 악영향을 미치는 오염된 물은 서퍼에게 예민한 부분인 것이다. 하지만 수질오염을 측정하는 과정은 매우 불편하다. 이 조사를 바탕으로 작고 휴대하기 편하며 즉석에서 수질 검사를 할 수 있는 휴대용 수질 검사기로 방향을 잡고 디자인하도록 추천했다.

우리는 신기술 리서치를 통해 간단하게 오염 정도를 알려줄 수 있는 신기술을 찾아냈다. 벤은 그 기술을 이용해 소형이면서 사용이 간편한 파도타기 전용 수질 테스트기를 디자인했다. 그가 디자인한 '스피드폼' 결과를 토대로 웨트수트의 지퍼 헤드에 부착할 수 있는 제품으로 방향을 잡아주었다. 파도타기를 하는 동안 항상 곁에 둘 수 있다는 장점이 단연 돋보였고, 그 결과 2등상을 수상했다.

사회적 이슈와 신기술을 적절히 조합한 디자인으로 우승한 케이스다. 이 학생은 졸업하고 내가 추천해 준 '바이링크 그룹'이란 회사에 취직하여 디자이너로 활동하고 있다. 최근에는 버려진 컨테이너를 이용하여 유기농 농작물을 경작하고 그 과정을 소비자에게 보여주며 판매하는 새로운 유통체계를 이용한 더 파머리라는 회사를 차려 비즈니스를 겸해서 하고 있다.

에필로그

・

제대로 미치면 행복하다

시대를 초월하여 인간이 고민하는 것은 다 같지 않을까. 사람이 살면서 가장 힘이 드는 시기는 하고자 하는 일을 해도 해도 안 될 때나, 도대체 무엇을 어떻게 해야 되는지를 모를 때일 것이다. 어려울 때 무너지면 다음이 없다. 지난날의 치열했던 삶은 현재의 나를 만드는 과정이며 투자이다.

행복하려면 그리고 성공하려면 남들에게 미쳤다는 말을 듣는 것을 두려워해서는 안 된다. 남을 따라가는 삶을 살지 않는다면 미쳤다는 말을 들을지도 모르지만, 나만의 창의적이고 진정성 있는 삶을 살 수 있다. 부모의 사회적 체면에 자신의 꿈을 볼모로 잡히거나 사람들에게 보여주기 위한 삶은 살지 말자. 자신의 주관과 미래에 대한 꿈이 없다는 것은 참으로 슬픈 인생이며, 그 꿈을 실행하기 위해 최선을 다하고 있지 않다면 그 역시 슬픈 인생이다. 스스로 선택한 삶, 스스로 디자인한 삶을 살아야 한다. 그것은 다른 사람이 디자인한 인생을 따르는 것보다 몇 배나 더 힘들고 긴장되는 일이다. 어떤 길이 최선인지 알려 주는 이도 없다. 하지만 처음부터 그렇게 살다 보면, 가면 갈수록 내 앞에 대로가 열릴 것이다.

현재의 삶의 궤도에서 벗어나면 자기 인생이 흔들리지 않을까 하는 생각에 두려울 수도 있다. 그러나 생각해 보라. 대기업의 신입사원 퇴사율이 높다는 뉴스를 본 적이 있을 것이다. 그렇게 힘겹게 들어간 회사에서 3개월도 되지 않아 퇴사를 하는 이유는 무엇일까. 들어가 보고 깨달았기 때문이다. 이것은 내 삶이 아니라는 것을. 대기업 입사는 결코 인생의 최종 목표가 될 수 없다.

좋은 디자이너가 되겠다고 삶의 목표를 정했다면, 이제부터 그 삶에 미쳐라. 다르게 생각하고, 다양한 분야에 깊이 빠져들고, 자신에게 부족한 것을 채우고, 세상만사에 관심을 가지고…… 이런 과정을 통해 예술적 영감이 본능처럼 작동하도록 훈련하고, 디자이너로서 직관력과 통찰력, 예지력을 길러야 한다. 자신이 하고 싶은 일을 해 나가는 과정의 고통을 즐길 자신이 없다면, 지금 하고 있는 일을 당장 그만두어라. 자신이 하고 싶은 것을 하기 위해 거쳐야 할 고통과 고난은 피할 수 없는 자신의 운명이며 삶의 과정이고 연장이다.

이 책이, 스스로 인생을 선택하고 그렇게 결정한 삶을 책임지면서 살아 가려는, 제대로 미친 젊은이들에게 힘을 실어 주었으면 좋겠다. 시간이 흐를수록 당신이 미운 오리가 아닌 백조임이, '루저'가 아니라 '아웃라이어'임이 밝혀질 것이다. 세상을 바꾸고자 큰 꿈을 꾸는 젊은이들이 대한민국에서 쏟아져 나오길 바란다. 패배자와 같은 삶, 지겹고 따분하고 불행하다고 느끼는 삶에서 벗어나자. 상상의 나래를 펴고 훨훨 날아 새로운 삶을 향해 광기 어린 혹은 미친 결정을 하고 실천할 수 있는 자신만의 인생을 시작했으면 한다.

지금까지 내가 미친 생각을 실행에 옮길 때 적극적으로 도와주셨던 강병길 교수, 박억철 교수, 이광호 교수께 감사드린다.